北京市学习科学学会（北京师范大学主办）家长培训推荐用书

主　编◎李荐　　副主编◎闫伟
参编者◎黄玉华　赵秀丽　刘艳利

为安全“护航”给生命“加固”

——孩子的自我保护能力是这样炼成的

中国经济出版社
CHINA ECONOMIC PUBLISHING HOUSE

图书在版编目（CIP）数据

为安全“护航”给生命“加固”——孩子的自我保护能力是这样炼成的/李荐，闫伟编著.

北京：中国经济出版社，2013.10

ISBN 978-7-5136-2689-7

Ⅰ.①为… Ⅱ.①李…②闫… Ⅲ.①安全教育—儿童教育—家庭教育 Ⅳ.①G78

中国版本图书馆CIP数据核字（2013）第168738号

责任编辑　陈　瑞

责任审读　贺　静

责任印制　张江虹

封面设计　任燕飞设计工作室

出版发行　中国经济出版社

印 刷 者　三河市佳星印装有限公司

经 销 者　各地新华书店

开　　本　787mm×1092mm　1/16

印　　张　13.5

字　　数　202千字

版　　次　2013年10月第1版

印　　次　2013年10月第1次

书　　号　ISBN 978-7-5136-2689-7/G·2079

定　　价　33.00元

中国经济出版社　**网址**　www.economyph.com　**社址**　北京市西城区百万庄北街3号　**邮编**　100037

本版图书如存在印装质量问题，请与本社发行中心联系调换（联系电话：010-68319116）

前言
PREFACE

一场火灾降临，在众多被火势围困的人们中，有的葬身火海，有的却死里逃生，幸免于难。这固然和很多客观因素，比如火势大小、起火地点等有关，但更重要的是，被火围困的人们在灾难临头时有没有避难逃生的本领。

成年人如此，孩子同样如此。火灾如此，其他危险也同样如此。

要知道，孩子的身边充满了各种危险因素。而孩子的安全关系着一个家庭的幸福和稳定，让孩子远离危险，教孩子保护自己，是每一位父母的教子必修课。

据有关部门统计，我国现有儿童数量约2.8亿，占全国13亿人口的22.89%。根据最新的抽样调查表明，我国每100名死亡儿童中有26人死于意外事故，而这个数字每年还在以7%~10%的速度增加。无疑，这给独生子女占相当比例的父母带来极大的忧虑。同时调查结果还表明，在这些意外死亡的孩子中，多数都是由于安全意识淡薄，对生活中可能出现的危险缺少应有的防范意识，不知道躲避风险。

在这样一种现实背景下，我们特别策划了这本《为安全“护航”，给生命“加固”——孩子的自我保护能力是这样炼成的》，它以论述、案例、具体应对方法三者结合的形式，让父母真正认识到危险事情的复杂性和多样性，同时学会如何教导孩子避免陷入危险境地以及一旦遇到危险如何自救、脱身，等等。

明者防患于未萌，智者免患于将来。

为了孩子的安全，为了家庭的幸福，家长应该及早教给孩子一些必要的安全常识和处理突发事件的方法，培养孩子自我保护的能力和良好的应急心态。只有这样，才能让孩子正确认识周围的世界，才能让孩子平安地步入这个五彩斑斓的世界。而这，也正是每一对父母内心最朴素、最美好的心愿。

目 录
CONTENTS

PART 1 有些东西不能碰，巨大危险藏其中
——培养孩子的物体安全意识

孩子就像一个小精灵，带着纯真，带着微笑，带着好奇来到这个世界。他们很想探知这个世界上的每一样有趣的东西。正因为这样，那些在成年人看来“请勿触碰”的物体，却常常成为孩子们“下手”的对象。既然请勿触碰，那么就很可能存在安全隐患。让孩子避免触碰这些危险物品是每个家长义不容辞的责任。

PART 2 揪出居家隐患，“小鬼”也能早当家
——培养孩子的居家安全意识

家是孩子温暖的港湾，是孩子成长的乐园。而居家生活中，也潜藏着很多不容易被我们察觉的安全隐患。据统计，全世界每年发生的儿童意外伤亡事故中，大约有两百万起是由于家中的不安全状况造成的。为了给孩子一个快乐的童年，为了给孩子一个安全的成长环境，希望父母们密切注意居

家安全，避免孩子遭受伤害。

PART 3 进行户外活动，安全放在第一位
——培养孩子的户外安全意识

旅行中坠入山崖、在野外深陷沼泽、参观展览遭遇踩踏……多种多样的事故不断地在户外发生着。遭此厄运的家庭，不免陷入悲痛，失去完整。相对于大人，孩子更容易在户外遭遇不测。为此，教会他们一些相关的知识显得尤为必要。

PART 4 安全工作做全面，校园安全也马虎不得
——培养孩子的校园安全意识

美丽的校园我的家。然而这个“家”里也时常充满危险，如果不加强防范，很有可能遭受伤害。除了社会、学校及老师能够为孩子创造安全的校园环境外，家长的作用也不容小觑。父母们要积极行动起来，帮助孩子安全、顺利地过好校园生活。

PART 5 孩子饮食有讲究，吃好吃坏靠父母
——培养孩子的食品安全意识

民以食为天，孩子们自然不例外。但是吃到不健康的、不卫生的、有毒的食物后，那么危险就随之而来了。在这一问题上，同样需要父母严格的监督和密切的关注，让孩子远离不健康的食物，远离不健康的饮食习惯。

PART 6 等孩子学会这些，再放他出去"闯"
——培养孩子的交通安全意识

交通事故是发生在我们周围最为常见也是最为惨烈的事故类型之一。上学、游玩，都免不了投入到滚滚人潮和车流中去。为了避免让孩子发生交通事故，那么事先教给他一些相应的知识显得至关重要。

PART 7 大自然是友亦是敌，如何与它"斗智斗勇"
——培养孩子的天灾安全意识

自然界是人类的朋友，有时候这个朋友也会"翻脸"，给人类带来巨大的灾难。我们的孩子，既要学会和自然界做朋友，爱护自然，又要学会巧妙应对这个朋友偶尔的"六亲不认"。这样，孩子才能在成长的道路上，游刃有余。

PART 8 意外事故太吓人，做好准备就不怕
——培养孩子的危机应变意识

危险突如其来，灾难猝不及防。常常在一个瞬间，或者因为一件极其细微的小事，或者因为一个奇特的想法，意外就这么发生了。如何将伤害降到最低限度，这就需要父母提前给孩子打好“预防针”，当危险真的到来时，孩子便可从容应对。

PART 1

有些东西不能碰，巨大危险藏其中

——培养孩子的物体安全意识

孩子就像一个小精灵，带着纯真，带着微笑，带着好奇来到这个世界。他们很想探知这个世界上的每一样有趣的东西。正因为这样，那些在成年人看来“请勿触碰”的物体，却常常成为孩子们“下手”的对象。既然请勿触碰，那么就很可能存在安全隐患。让孩子避免触碰这些危险物品是每个家长义不容辞的责任。

电，危险

提炼关键词

电老虎　修理大王　说明书　常识

安全大讲堂

电是我们日常生活中必不可少的重要能源。我们无法想象生活中没有电会是什么样的一种状态：电脑不能用，热水器不能用，电磁炉不能用，手机无法充电……似乎离了电，我们的生活将无法继续。

同时，我们也应知道，电是一种威力巨大的东西，它可以使人瞬间死亡，所以电又有“电老虎”之称。

孩子都有着强烈的好奇心，看到家里的插线板、电线以及各种电器等，都会想着去碰一碰、摸一摸。如果家长没有提前做好预防，没有告知孩子不要触碰这些东西的话，那么发生危险的概率就会大得多。因此，我们一定要教会孩子学习如何安全用电，不要因为无知和疏忽而给自己和家人造成伤害。

自从儿子出生后，做了爸爸的刘刚首先考虑的就是孩子的安全问题，在衣、食、住、行各个方面都尽最大努力做到万无一失。就拿用电安全这一点来说，刘刚将所有墙面上的电源插口都用胶带封得严严实实，需要用到的几个接线板也都包了起来。这样，慢慢会爬、会走之后的儿子就不会因为触碰到和电有关的东西而遭遇危险了。

渐渐地，儿子长大了，好奇心也越发强烈起来。当他看到家里所有的电源插孔和接线板都被封起来后，很想一探究竟。于是，他便忍不住去蹭一下。妈妈看到后，每次都打一下他的小手，并吓唬他说“里面有大老虎”。可是好奇的儿子却屡屡明知故犯。

过了些日子，在外出差的爸爸回来了。妈妈把儿子试图摸电的情况跟爸爸叙述了之后，爸爸并没有制止儿子的举动，而是和他一起蹲在插孔前，很认真地给他讲什么是电，这些胶带封着的地方是做什么用的，有什么危险，等等。

从那之后，儿子再也不试图去触碰这些东西了，因为他了解了什么是电和电源，也知道了它们所具有的作用和危险。不仅如此，他还告诉周围的小朋友不要去碰这些装置呢！

也许你的孩子和故事中的小家伙一样，对于电源插孔这些"小黑洞"倍感好奇。其实，这是每一个孩子的天性。很多时候，你越是不让他碰，他就越想碰，对于你的制止根本无动于衷。

既然如此，我们不妨学习一下故事中爸爸的做法。他不去制止孩子，而是循循善诱地用孩子听得懂并且感兴趣的话来告诉孩子，这些东西是做什么用的，存在什么样的危险，我们要怎么对待这些东西，等等。这样一来，孩子对电所产生的心里谜团就会逐渐被解开，加之了解了电的危害，所以就不会轻举妄动了。

总之，凡是和电有关的物品都要谨慎再谨慎，从孩子能听懂话的那天起就告诉他不要接近和触摸带电的东西。

安全指南针

1. 为孩子做好安全防范

对一个幼小的生命来讲，他们健康、安全的成长比任何事情都重要。所以，作为父母，我们要为孩子创造一个安全的生活环境，将可能存在的危险统统消灭掉。就电这个"恐怖分子"来说，我们最好采取下面几种措施。

(1)电线接头的地方，用黑胶布缠上。

(2)衣物不要挂在电线上。

(3)新买了家用电器，要和孩子一起仔细阅读说明书，严格按照要求进行操作。

(4)裸露的电线要用防潮耐蚀、粗细合适的塑料护套线。

(5)凡是孩子能够着的插座，都要用专门的塑料罩给套上。

(6)父母要经常检查家用电器，特别是插头部分，如果发现有漏电现象，就要及时处理。

2. 日常生活中教给孩子一些安全用电的常识

学习不只是学校中教授的东西，生活同样是一个大课堂，我们可以在生活的点点滴滴中，教给孩子五花八门的知识。那么，为了孩子免受电所带来的危害，我们应该经常和孩子讲一下用电的安全知识，让孩子认识到怎么用电才安全，同时也让他知道，电是个危险的东西，不能随便动，否则会丢掉性命。

3. 不允许孩子做家庭“小电工”

有一些男孩很热衷于做“修理大王”，其中包括鼓捣一些带电的东西，比如给家里的电器进行拆卸和修理。岂不知，随意拆装家用电器，是件非常危险的事情。因此，父母们在这一点上一定不要大意，假如电器真的有必要维修，还是找专业的师傅来解决为好。

4. 发现孩子触电该怎么办

如果孩子触电，父母首先不要慌张，因为忙中出错，不利于排除危险和对孩子进行施救。在此，我们提醒父母们，一旦发现孩子触电，我们要做的是马上切断电源，然后对孩子进行施救。

此时，我们可先听一听孩子的心跳、呼吸是否正常。如果孩子已经停止了呼吸，那么父母就要马上对孩子进行人工呼吸。另外，还要提醒家长们的是，我们要告诉孩子，发现别人触电了，千万别去拉，否则自己也会跟着触电。这时候，可以大声呼救，或者打电话报警。如果知道电源在什么地方，可以立马切断电源。

螺丝刀也是伤人的利器

提炼关键词

侥幸心理　塑料工具　够不到

安全大讲堂

螺丝刀是我们日常生活中很常见的一种工具。很多时候，我们都需要用到螺丝刀。可是，螺丝刀看上去虽然不锋利，不尖锐，可它却有硬硬的、长长的改锥。如果不小心伤到人，也是非常危险的。

因此，家里有小孩子的话，还是不要让孩子接触螺丝刀。大人用完后，要及时将它放置在孩子够不到的地方。

雨轩是个虎头虎脑的小家伙，胖乎乎的小脸笑起来的时候非常可爱。雨轩也是个爱拆拆装装的"拆弹专家"。从3岁多开始，雨轩就对螺丝刀这种神奇的工具产生了兴趣。他发现，爸爸能把几块散着的板子，用手里这个工具拧几颗螺丝钉，就成为一个课桌了。

大一点后，每当爸爸或者爷爷用螺丝刀拧什么东西的时候，他也都会蹲在一旁认真地观看。渐渐地，大人也会允许雨轩拿一下螺丝刀比划两下，每当这时，雨轩别提有多开心了。

6岁之后，雨轩已经可以简单地掌控螺丝刀了。在安装一些玩具的螺丝钉时，爸爸或者爷爷都会让他自己来完成。事后大人再进行检查。用完螺丝刀之后，大人也会及时收起来，不再让雨轩拿着玩了。

但有一次，危险还是发生了。那天是个周末，大雨轩一岁的表哥童童来他家做客。当时雨轩正在修理自己的一个玩具。大人们只顾着自己说话，而忽略了童童可是没经受过"螺丝刀"训练的孩子，而雨轩由于年龄尚小，也不懂这些。在他看来，童童哥哥比自己大，自己都会用的东西，他肯定也会用。

但事实却是，童童由于从没摸过螺丝刀，这一次他看到雨轩玩便感到好奇，就拿过来"操练"了几下。可就是这几下，却将童童的左手虎口处给捅了个窟窿，顿时鲜血便冒了出来。

家人急忙将童童送医院救治。好在救治及时，没有什么大碍。但全家人着实为此担惊受怕了一场。

孩子喜欢玩一些机械工具，包括钳子、剪刀、螺丝刀什么的，这种爱动手的习惯当然不错，如果做父母的合理引导，那么孩子的精细动作就会完成得更好一些。但是，我们也要知道，毕竟大人用的机械工具对于小宝宝来说还是很危险的，所以还是尽量不要让孩子触碰螺丝刀之类的工具。

安全指南针

1. 放置在孩子够不到的地方

日常生活中我们需要使用到的工具，比如螺丝刀、剪刀、钳子等，都要放在孩子够不到的地方，或者锁到抽屉里。这样，就可以防止孩子因为好奇而触摸、玩耍这些东西。

2. 不要存在侥幸心理

有些孩子，尤其是小男孩似乎天生就对一些金属工具感兴趣。于是，当他们有机会摸到螺丝刀、钳子、剪刀等具有一定危险性的工具时，就会爱不释手。也许有的家长会说，孩子玩玩这些也没什么，毕竟受伤的概率还是很小的。在此，我们提醒有这种想法的家长，一定不要用侥幸心理去赌小概率事件。在孩子的安全问题上，百分之一的疏漏都可能酿成百分之百的祸患。为了孩子的安全，还是让自己谨慎再谨慎吧！

3. 给孩子配置塑料工具

实实在在的金属工具存在一定的危险性，可孩子又对这些东西很感兴趣。怎么办呢？我们建议父母们，可以给孩子购买一些玩具类的工具。这些工具基本都是塑料或者木头材质的，不会对孩子造成什么伤害。这样，就会既满足孩子玩耍器械类工具的爱好，又能够保证孩子的安全。两全其美的事，何乐而不为呢！

汽车开关乱碰会致命

提炼关键词

按钮　乱碰开关　干扰驾驶

安全大讲堂

私家车已经进入千家万户，父母开车带孩子出行也就成了家常便饭。

可是,对于儿童乘车,父母们是否知道怎样妥善地照料孩子,最大限度地保护孩子的乘车安全呢?或许您会说:我是有多年驾龄的老司机,肯定没问题的;我家孩子乖巧得很,不用说他也不会乱碰……这些虽然是利于驾乘安全的条件,但是只能算必要条件,而不是充分条件。

要想真正保证孩子驾乘过程中的安全,除了作为驾驶员的爸爸妈妈要保证自身的驾驶技术外,还要照顾好孩子的安全,让孩子知道,乘车时一定要坐好,系好安全带,不要触碰车内的任何开关,否则就有发生危险的可能。

清明节,萧萧和爸爸妈妈一家三口驱车前往位于郊区的爷爷奶奶家。安顿好之后,萧萧的爸爸、叔叔,还有叔叔家的小堂兄诚诚一起去往祖先的坟上扫墓。坐在萧萧家宽敞舒适的车里,从没享受过如此"待遇"的诚诚忍不住这儿看看,那儿摸摸。

萧萧的爸爸见侄儿对自己的车感到很新鲜,偶尔会给他介绍几句,比如这个是什么,做什么用的,那个是什么材料,有什么作用,等等。

可是,诚诚似乎不满足于这些,他还是不停地到处摸。就在开车的叔叔和坐在副驾驶座位上的爸爸没注意到的间隙,诚诚竟然将电动车窗给打开了。打开之后,诚诚还伸出一只胳膊朝外面挥手。

诚诚的这个动作是非常危险的,因为在他们的车的左侧,就是对面急驶而来的车辆。两辆相向行驶的车一旦挨得足够近,诚诚伸出去的胳膊就很容易被迎面的车辆给剐伤,甚至被弄断。

幸好,诚诚的动作被坐在他右侧的堂弟萧萧看到了,萧萧连忙制止了他的行为,并把车窗关好。这时候,诚诚的爸爸和叔叔也都注意到了,他们批评了诚诚,并告诉了他这样做的危险性。诚诚这才意识到,自己刚才的动作是多么危险,他向爸爸和叔叔保证以后再也不这样做了,不管多么好奇,都一定会老老实实地坐在车里。

孩子的好奇心,就像他们的身体一样,会无法抑制地生长。故事中的诚诚算是幸运的,因为像他这样把胳膊伸出窗外被对面车辆剐伤甚至弄断的事例不在少数。生活中还有些孩子,由于好奇心的驱使,居然自行发动汽车,结果闯下大祸的也时有发生。

其实,对于汽车的接触,家长对孩子的教育就应该像对待早恋一样,提早教育,正确引导,既要教给孩子一些基本的知识,更重要的是要灌输足够的安全意识，这样才能防患于未然。

安全指南针

1. 告诉孩子在车内乱碰按钮可能造成的危害

（1）车辆行驶过程中，如果孩子触碰某些开关、按钮，会对驾驶员的驾驶操作有所干扰，甚至造成车辆失控，酿成车毁人亡的悲剧。

（2）车辆行驶的时候，孩子如果无意中打开车门很容易被甩出，进而遭遇危险。

（3）车辆行驶中，孩子有意或者无意地触动了档位，有可能造成车辆损伤。

（4）如果孩子误操作了电动车窗或者天窗，可能会被车窗给夹伤，还可能造成颈椎、胳膊受伤甚至丧命的危险。

（6）孩子误操作点烟器而被烫伤。

2. 家长需要注意的关于车内开关的事宜

（1）告诉孩子，在乘车的时候，不要为了好玩而随意去按动电动车窗升降器或者车门的开关。

（2）家长虽然不能绝对禁止孩子触碰他感兴趣的东西，但是却可以培养孩子事先征求意见的习惯。为此，家长需通过正确的指导方法，让孩子进行操作。

（3）关于乘车安全，与其简单地禁止，还不如给孩子正确的操作指导。我们建议家长朋友，可以在车辆停放的时候，经常抽出时间来让孩子熟悉并尝试使用车内的开关，而不应该因为担心孩子乱动就不让他了解。

事实上，好奇和求知欲是孩子的天性，只要父母能给予正确引导，告知在什么情况下可以做，什么情况下不能做，以及可能会造成怎样的后果，那么同样可以保证行车的安全。

火可一点都不好玩

提炼关键词

玩火　神秘感　打火机　煤气灶具

安全大讲堂

“火”对于孩子们来说，充满了极强的神秘感。它那红红的、热热的样子，很容易引起好奇心强的孩子的兴趣。但由于孩子年龄小，生活经验少，对于周围环境中可能存在的危险缺乏足够的认识，可能会在兴趣的驱使下去玩火。

因此，为了让孩子远离危险，健康成长，父母需要做的很重要的一点，就是要注意培养孩子的自我保护意识，让其远离火这个并不“好玩”的家伙。

让我们来看看在前不久一段时间里，媒体上曾报道过的部分儿童玩火引起的火灾事故吧：

2012 年 12 月，广东省东莞、汕尾两地各发生 1 起由儿童玩火导致的火灾事故，事故共造成 4 名 5 岁以下的儿童死亡。消防部门提醒，家中的小孩必须有大人看管，防止小孩因玩火酿成火灾，同时要注意冬季家庭用火、用电、用气的安全。

2012 年 12 月 19 日傍晚，东莞市长安镇一民居，由于反锁在家中的儿童贪玩电源插线板，造成插线板短路，引燃了周边的可燃物，导致一名 4 岁女孩和一名 3 岁男孩当场身亡。

同一天，汕尾市海丰县可塘镇新丰村民房发生火灾，造成 2 名不到 3 岁的女童身亡。经现场调查和家中老人确认，火灾原因为小孩玩火所致。

2013 年 1 月 2 日，广州市白云区大埔东约 4 巷 13 号 5 楼一间出租屋发生火灾，两名儿童死亡。火灾原因判定为小孩玩火。

2013 年 1 月 4 日 8 时 25 分左右，河南省兰考县城关镇中山北街县卫生局西侧的袁厉害家发生火灾。经过现场勘验、技术鉴定、模拟实验、调查询问，认定这起火灾的起火部位位于袁厉害家的一楼客厅内，起火原因是其住宅内的儿童玩火。

由此可见，因儿童玩火而造成的火灾事故如此之多，实在让人触目惊心。通过这些案例，我们也应认识到，由于无知，孩子常常在玩火的过程中引起火灾，使财产和生命受到严重威胁和损失，给自己和家长带来难以言说的悲痛。

我们都不希望类似的事情发生在自己身上，都希望自己的孩子能够平安、健康地成长。这就需要我们在陪伴孩子的过程中，多做一些教育和引导工作，让孩子认识到火的危害，认识到安全的重要性。

其实，要避免火灾，关键还在一个“防”字。所以，父母们应先从自身做起，努力消除所处环境中的每一处火情隐患，确保孩子生活空间的安全。只有我们为孩子创造了一个安全的内部和外部环境，孩子才能认识到火的危害，从而控制自己对火的“兴趣”，远离火，远离危险。

安全指南针

1. 将火柴、打火机等东西放在孩子找不到的地方

对于很小的孩子来说，还认识不到火灾的危害。他们只会凭借兴趣去做事，其中包括让他们感到好奇的玩火。因此，我们要将火柴、打火机等东西放到孩子找不到的地方。孩子大一些后，我们要教育他不要玩火，比如烧纸片、做和火相关的小实验等，同时远离烟花爆竹等容易引发火灾的危险物品。如果孩子确有必要与火接触，那么家长也一定要陪伴其左右，做好监督。

2. 教孩子明确家电潜藏的危险

在我们的居家生活中，有各种家电、炊具等，都隐藏着火灾的隐患。关于这一点，我们要事先告知孩子。一方面，我们要让孩子知道，不要轻易动这些东西；另一方面对于大一些的孩子来讲，我们要让他知道操作的时候，一定要严格、准确地按照说明书的指导来进行。当发现家电出现异常现象，要马上断电。

3. 如何安全使用煤气灶具等

煤气、天然气灶具如果使用不当，也很容易引发火灾。你的孩子如果是年龄大一些的话，可以让他尝试做饭，那你一定要告知他使用煤气、天然气灶具的注意事项。比如，在操作过程中一定要聚精会神；用煤气、天然气烧水或者热饭的时候，最好不要走开，以免开水和汤汁溢出将火浇灭，导致煤气、天然气泄漏；在熬粥的时候，要多注意观察，以免液体溢出，浇灭火苗，导致煤气、天然气泄漏。

另外，我们还要告诉孩子，一旦发现有液化气、天然气漏气现象，就要赶紧关掉燃气、天然气阀，并及时打开门窗，通风换气。但需要提醒的是，一定不要用电扇来吹，也不要打开抽油烟机，这时候是绝对禁止触动电器开关和使用明火的，否则容易引起爆炸。那样的话，危险可就更大了。

让孩子远离容易爆炸的物品

提炼关键词

炸伤烧伤　易燃易爆　燃放场地　家长陪同

安全大讲堂

乘坐飞机，每个人都要进行严格的安检，即使乘坐地铁，也要进行一系列的安检程序。这些都是为了公共安全考虑而进行的活动。比如，我们不能携带超过一定数量的液体，不能携带易燃易爆的物品。那么，在我们日常生活中，为了孩子的安全考虑，我们同样要时刻提防容易爆炸的物品，让孩子远离这些东西。

有的家长可能认为，平时不接触，到过年的时候，总不能让孩子一个鞭炮都不放吧？当然事情没有那么绝对，但是我们始终需要铭记的是：安全第一！也就是说，在大人监护下，并且在保证绝对安全的情况下，允许孩子放一些鞭炮。但事先一定要让孩子知道，这些爆炸物品是具有极强危险性的，最好不去接触，如果实在有必要接触，那么就须做好防范工作。同时，还要让孩子知道，对于易燃易爆的物品一定要远离，不要为了一时的好奇而凑近。否则，发生危险的概率将大大提高。

媒体曾报道过这样一件孩子被爆竹炸伤的消息，大致内容是：一位化名为萍萍的小女孩声嘶力竭地哭喊着，躺在医院烧伤科病床上的她头部和手臂、脚踝等多处被纱布包裹了起来。

不仅如此，萍萍的脸部也呈现着烧伤的状态，脸上还起了好多个水泡。萍萍年仅3岁，本来正是活泼好动、活泼可爱的时候，却因为姐姐月月玩耍爆竹，不慎发生危险，导致烧伤。

比萍萍大6岁的姐姐芳芳也没能在此次爆炸事故中幸免。据医生透露，芳芳和萍萍的烧伤程度相当严重，眉毛都被烧没了，头发也所剩不多，身上有多处皮肤被烧伤。

伤势处理好之后，芳芳回忆起事件发生的经过时说，当时，自己看到家里的柜子抽屉里有一串鞭炮，怀着好奇心就拿下来玩耍。她想起过年时爸爸放鞭炮的样子，觉得很好玩，自己也想尝试一下。于是，便拿了打火机到阳台上，开始点燃鞭炮。结果就发生了前面悲惨的一幕……

芳芳和萍萍实在太不幸了。可是这又能怪谁呢？如果她们的父母不在家里存放爆竹，那么危险就不会发生；如果她们的父母早就告诉孩子不要触碰烟花爆竹，危险可能也不会发生。可是，事发后没有“如果”，到头来，他们一家也只能承受孩子被炸伤烧伤的苦果了。

其实，此类的事件并不是个案，媒体上时常会有类似的报道，尤其是春节前后，这样的报道更是经常出现。不用问，每个家长都不希望自己的孩子遭此不幸，这除了给孩子自身带来巨大痛苦之外，还会给整个家庭蒙上阴影，甚至带来家破人亡的巨大灾难。

既然如此，作为家长，我们就有必要引起这方面的注意，让孩子认识到爆炸物品的危害，同时也让其知道怎么对待这些东西，这样才能把危险降到最低。

安全指南针

1. 告诉孩子别玩易燃易爆物品

当孩子可以听懂话时，父母就该适时地告诉他，要远离汽油、烟花爆竹等易燃易爆物品，因为这些东西非常危险，有可能会让人受伤和丢掉性命。可能有些男孩子，由于其性格本身的因素，容易对鞭炮一类的易爆物品产生兴趣。对此，家长除了告诉他这些东西的危险性之外，可以给孩子讲一些相关的事故，还可以从网上找一些相关的图片，让孩子感受到这些东西的"威力"，就会更容易对易燃易爆物品产生"敬畏"心理，自然就会远离了。

2. 燃放烟花爆竹需要注意的要点

如果一定要燃放烟花爆竹，那么有两点事项必须注意。下面我们就分别来说一下。

(1)燃放场地。燃放烟花爆竹一定要选择正确的燃放地点，千万不可在人群密集、有干柴、树木等易燃物和危险的场所燃放；禁止在楼群和阳台上燃放；禁止在室内燃放；禁止在容易爆炸的物品附近燃放；建议在平整的水泥地上点燃烟花爆竹。

(2)由家长陪同和指引。孩子燃放烟花爆竹一定要在家长的陪同下，千万不能单独燃放。同时，家长还要在一旁指导孩子，给孩子讲清楚怎么放，注意什么。另外，家长还有必要告诉孩子，一旦衣服被烧着，不要跑，而应站定，然后躺下来在地上滚动，这样才容易灭掉身上的火。

3. 一旦被焰火烧伤如何应对

我们要教给孩子，如果万一被焰火给烧伤，要马上将着火的衣服脱掉，然后用自来水冲洗烧伤的部位；如果被烧伤的是头部，那么可以从冰箱中取一些冰块，用毛巾包住进行冷敷。需要提醒的是，这时候不要涂抹油膏之类的物品，否则容易引起细菌感染。如果手足部位被炸伤导致流血，则要马上卡住出血部位的上方，洒上一些云南白药粉或者三七粉止血，并在最短时间内赶往医院，进行清创处理。

别让高压线成为"夺命线"

提炼关键词

夺命线　高压设备　变电站　远离

安全大讲堂

不管是马路上，还是公园里，抑或是地铁站台，我们常常会看到一个“闪电”形状的标志，旁边往往写着“高压危险”几个红色的大字。孩子还小的时候，对于这些东西除了好奇之外，并无其他认识。为此，这就需要父母在陪伴孩子的过程中，多给孩子讲一讲相关的常识，让孩子知道其中的危险性。一两次记不住，那么八九次孩子就会印象深刻，以后每当他看到这样的标志时，就自然而然地想到：危险，危险！

媒体上曾报道过这样一件事：暑假期间，两个孩子翻墙溜进某污水处理厂内，随后俩人爬上了电线杆去掏鸟窝。没想到碰到了高压线，其中一名14岁的男孩不幸被击中，后经抢救无效死亡。

接到消息后，记者前去了解情况。原来，孩子摔下来的电杆大约有10米左右高，在电线杆上用铁丝吊着一个“高压危险”的提示标牌。电线杆的下面就是绿油油的草地，当时草地上还有孩子留下的血迹。此外，还有四五只已经死亡了的小鸟。据那里的工作人员介绍，这根高压线上有上万伏的高压。

记者还了解到，触电而亡的孩子姓王，在某中学初二年级读书。其父母每天忙着做生意，无暇照顾孩子。出事当天，一个小伙伴喊孩子出去玩，两个孩子玩着玩着便溜进了污水处理厂，他们进去的目的就是掏鸟窝。

当时一位在厂内值班的工作人员说：“当时听到咚的一声响，跑出来一看，才发现孩子爬电杆时遭电击，掉了下来。”出事后他们立刻拨打120急救和110报警电话。

虽然在事后采取了救治措施，但是孩子终究还是失去了生命，父母也失去了孩子。通过这个案例我们可以看出，高压电的危害真是不可小觑。

因此，我们做家长的，一定要多给孩子灌输一些这方面的常识。带孩子出门时，当看到有高压标志的设备要告知孩子其危险性，提醒孩子远离；也可以通过一些相关的图书和故事来启发孩子认识高压电的危害。这样，孩子就会在潜意识里形成远离高压设备，保护自身安全的概念。

安全指南针

1. 远离高压设备及电线

在外面活动的时候,我们偶尔会发现电线掉落的情况。孩子好奇心重,如果因为一时的兴趣而近距离接触这些东西,甚至踩踏,那么会是相当危险的事。因此,我们要告诉孩子,对于那些掉落的电线,还有那些有着高压标志的东西,都要离得远一些,切勿触碰,否则会带来极大的危险。

2. 不要距离变电站太近

高压线的辐射似乎是看得见摸得着的东西,而高压变电设施对人体的辐射则是看不见摸不着的。为此,这一点需要家长们及时告知孩子,因为这种辐射也是另一种危害。孩子对于这种看不到摸不着的辐射可能不太容易理解,那么家长可以形象地将其比喻成"有毒的气体",告诉孩子如果不想中毒,就不要离这些东西太近。这样,孩子就会形成一种认识:为了保护自身安全,要远离产生"毒气"的地方。

3. 雷雨天更要远离高压变电设备

我们知道,高压电塔都是些高高大大的家伙,而这些东西在雷雨天的时候,是比较容易被雷电击中的,很容易发生短路而引起火灾。所以,为了保护好自身安全,我们要告诉孩子,在平时远离高压电塔的基础上,雷雨天时更要远离,以避免发生被击伤或者烧伤的危险。

告诉孩子,不能随便捅马蜂窝

提炼关键词

被蜇　马蜂窝　端掉

安全大讲堂

"嗡嗡嗡……"注意了,这可不是小蜜蜂发出来的叫声,而是大马蜂发出的。我们知道，马蜂这种东西有一定的毒性。如果不小心被蜜蜂蛰到，倒还问题不大，而如果被马蜂蜇到，可能会产生比较严重的后果，甚至死亡。

所以，为了孩子的安全起见，我们还是有必要事先告诉孩子提高警惕，千万不要为了好玩而去捅马蜂窝。

在华北平原的一个村庄里，东东、亮亮和果果三个淘气的男孩在一起玩耍，玩着玩着便跑到了离家不远的田野里。东东发现在地头的一棵榆树上，有一个大大的马蜂窝，便招呼亮亮和果果来观看。亮亮不知道从哪里听说马蜂窝的蜂巢可以作为中药材，于是他提议把这个马蜂窝给捅下来，然后把蜂窝卖给村里的老中医。

三个孩子中跑得最快的果果走到一排竹子堆旁，抽了一根细长的竹子，用来当捅马蜂窝的工具。他们三个人合力举着竹竿，将马蜂窝给捅了下来。顿时，马蜂窝中的马蜂便争先恐后地向蜂巢外飞来，其中年龄最大的东东迅速把衣服脱了下来，罩在头上，然后身体快速趴到地上。亮亮和果果惊慌失措地逃跑，结果还是没能逃脱马蜂的蜇咬。两个孩子跑呀跑呀，最后跑到村口边的一个池塘，便跳了下去。这才逃脱马蜂的追赶。可是他们只要一浮出水面，马蜂就继续扑上来。最后，亮亮活活被马蜂给蜇死了，果果经过救治才捡回来一条命。

事后，心有余悸的东东说，他当时也慌神了，但他以前听爸爸对自己说过，遇到马蜂追赶的时候，要赶紧脱掉衣服罩在头上，同时身体也要趴下。可是，当真正遇到这种情况后，东东本能的反应还是赶紧逃跑，但好在刹那间他想起了爸爸曾经告诉过自己的话。而这时，他已经没有力气招呼另外两个同伴了。

尽管三个孩子中，有两个保住了性命，但是却掩盖不了结果的残酷性，一条鲜活的生命就这样消失了！这是多么可怕的事啊！由此，我们也可以看到，提前培养孩子的自我保护意识和提高自我保护的技能是多么重要的事。作为父母，我们有责任、有义务教给孩子自我保护的本领，让孩子学会好好地保护自己。

安全指南针

1. 让孩子知道捅马蜂窝是危险的

孩子的好奇心往往会掩盖他们的恐惧心理。当有让他们感兴趣的事物出现时,要么是忽略了危险的存在,要么是根本就不知道危险有可能发生。比如,当他们看到马蜂窝时,可能就会凭着一时的兴趣去捅着玩。直到深受其害才知道自己错在哪里。

当然,也有的孩子是不小心碰到马蜂窝的。但不管何种原因,家长平时都要提醒孩子,一定不要捅马蜂窝,如果马蜂离家较近,可能发生家人被蜇的情况,就及时告诉大人,让大人想办法"端掉"马蜂窝。

2. 被蜇后怎样处理

虽然我们提醒孩子对马蜂万般提防,但是也说不定什么时候不慎被蜇。一旦发生了这样的情况,不严重的情况下,可以用食醋或1%的醋酸擦洗伤处。在伤口处,如果残留有马蜂的毒刺,那么就用针挑出,但切忌挤压,否则会让剩余的毒素进入身体内;如果蜇的程度较深,比如很痛或者出现肿胀,那么可以用冰块敷在被蜇咬的地方,也可以用一些止疼的药物;如果发现被蜇处有蔓延的趋势,或者呼吸困难等,那么最好赶紧告知家长,并速去医院接受治疗。

3. 如何正确"端掉"马蜂窝

孩子不能捅马蜂窝,可马蜂窝在那里始终是个祸害,我们该怎么"端掉"它呢?要想安全地处理马蜂窝,一般要根据窝所在的地方而定。在不容易着火的地方,可以先用火攻,等到马蜂的翅膀被烧去之后再一一消灭。在容易着火的地方,可以先用水喷。水要足够多,这样会让马蜂飞不起来,然后再将其消灭。需要提醒的是,当马蜂离巢后,要把巢消除干净,甚至要把痕迹除掉,尤其要把蜂王消灭。当然,这些事都需要成年人或者专业人士来操作,但不管谁来弄,都要做好防护,以防发生危险。

怎样让孩子杜绝网络上的“污染”

提炼关键词

网络生活　巧妙疏导　吸引力　孤独

安全大讲堂

网络已经进入我们生活的方方面面，现在的90后、00后无不从很小的时候便知道网络、接触网络甚至慢慢地熟悉网络。作为家长，可能会产生疑问：为什么网络会对孩子产生如此巨大的吸引力呢？

我们来看看某青少年论坛上一个初中二年级女生发出的感慨：“都说我们是幸福的一代，可是，又有谁知道我们的孤独呢？”

事实的确如此。虽然现在孩子们的物质水平比作为父母的我们小时候高出很多，但是由于现在的孩子大部分都是独生子女，所以他们在家里比较孤单。在进入到青春期以后，他们还会对父母和老师产生反抗和抵触的情绪，对同学也怀有不信任感。正是这些原因，让他们最终选择了网络。

可是，长期沉迷于网络的虚拟世界当中，孩子就会对现实生活产生陌生感，惧怕现实中的人，慢慢地和人们失去联系。更可怕的，还会被网络上的一些不良信息给诱惑，陷入网络“污染”的泥淖之中。

小勇的父母一直对他管教很严，在家里从不让他碰电脑。即使查什么资料也都是父母代劳。爸爸妈妈认为，这样就能杜绝孩子接触网络，也就可以避免孩子遭受网络上不良信息的侵害了。

可是，让他们没想到的是，在家里不碰电脑的小勇，却成了学校附近网吧的常客。

几个月前，小勇受同学豪豪的怂恿，开始在课间和周末等时候去网吧玩游戏。有一次，小勇刚走进网吧，发现有一个大孩子正在看一些男女赤裸的图片。顿时，小勇心跳加快，手心冒汗。这可是12岁的他从没见过的景象啊！所以即使在小勇找到自己的座位准备玩游戏时，眼前还是不断地浮现刚才看到的画面。小勇在心里想，自己真是个坏孩子。可是就算说自己一万遍“坏孩子”，小勇还是无法抹去对那些图片的“回忆”。

几天之后，小勇实在忍受不了这种“煎熬”，就去网吧玩，尝试着搜索黄色的图片和视频。

这些东西对于刚刚进入青春期的小勇来说，简直太刺激了。他越来越沉迷其中，以至于上课、吃饭、睡觉的时候都想着这些东西。

这时候，小勇的爸爸妈妈却还一直以为自己管教得好，儿子不会像其他孩子那样接触网络。所以，当他们看到小勇偶尔出现魂不守舍的样子时，还认为儿子可能是学习压力大导致的。

直到有一天，学校老师打来电话，严肃地告诉他们这件事后，他们才恍然大悟。原来，在一次下午放学后，小勇趁着低年级女生琼琼独自一人回家的机会，对琼琼进行了跟踪，并在一个没人的小胡同里，试图对琼琼进行猥亵。幸好有一位老师回家经过此处，赶紧制止了小勇的行为，并把他们俩带回了学校，交给了校领导……

小勇由于受到网络上不健康内容的影响，引发了心理及行为上的一系列问题。如果得不到及时的管教和疏导，那么他很可能会走上违法犯罪的不归路。

其实，导致小勇出现这一问题的原因，不能完全归罪于其本人。我们知道，小勇这个年纪正开始步入青春期，生理上的发育会给他们的心理带来强烈的影响。这时候，如果没有很好地接受性心理方面的教育和疏导，那么很容易被一些不良信息给诱导，轻则心神不宁，坐卧不安，学习成绩下降，重则做出违法乱纪的事。不管哪一种，想必都是父母们不愿意看到的。既然如此，我们就要对孩子进行科学的教育，而不能像小勇的父母那样仅仅用强制措施来杜绝孩子接触网络，要知道，“硬堵”不如“巧疏”。

安全指南针

1. 告诉孩子，可以在网络上做什么

网络的世界丰富多彩，五花八门，真可谓是“乱花渐欲迷人眼”。而对于孩子来说，网络是让其学习的地方，可学一些课本上接触不到的知识。当然，网络也是可以让孩子放松的地方，听听歌，玩玩游戏，看看好的书籍和电影等，以作为平日学习紧张状态的一种调节。因此，作为父母，当孩子还小的时候，我们就要逐步对孩子进行网络知识的教育。这样，孩子内心就会产生一种“上网是为了获取有用的知识，为了身心更健康、更愉悦地成长”的观念。那么，当孩子独自涉足网络空间的时候，就会因一直以来的“告诫”而减少甚至避免误入歧途的可能。

2. 对孩子的网络生活进行合理安排

在对孩子上网的问题上，父母应该事先对其做好合理的安排和计划，一般原则是：内容要取舍、时间要适度、关爱要到位。

首先，孩子刚刚接触网络时，对于内容的选择往往不加考虑，因此父母应给孩子布置和安排一些健康有益的网络学习内容，如网络图书馆，有意义的视频和学习资料等，避免他眉毛胡子一把抓；其次，要避免孩子长时间待在电脑前，以免对身体发育造成不良现象，一般来说上网半小时，就要要求孩子离开一段时间；最后，父母还应拿出一定时间和孩子对他的网络生活进行交流，比如回顾他一天的学习成果，和孩子一起评论和赏析网上作品的成败优劣等。

3. 告诉孩子不要点击那些写着“交友”、“激情”的窗口

一些网络经营者钻法律的空子，通过不良信息来吸引网民，最常见的就是故意设置一些语言露骨的链接，或者自动弹出一些有着黄色信息的小窗口。这些对于好奇心强的孩子们来说，都有着巨大的诱惑力。可孩子们不知道，在这些“交友”或者“激情”幌子的背后，隐藏着大量不良信息。孩子一旦凭着好奇点开，那么很可能会深陷其中，无法自拔。因此，父母除了告诉孩子不要点击这些小窗口外，还要帮助孩子学会使用网络助手等软件来屏蔽此类窗口，从而为孩子创造一个健康、安全的网络和生活空间。

来历不明的物品，坚决不动

提炼关键词

防骗　刺激性　溺水　自觉防范

安全大讲堂

孩子的防范意识相对较弱,而好奇心理却又相对较强。当有什么新鲜事物出现在面前的时候,他们总是第一个发现,恨不得接近了看个究竟。如果有可能,拿到手里拆开来看看才过瘾!

可爱的孩子们不知道,这些看似新鲜的物件背后,有可能是不可预知的阴谋。因为有一些不法分子会利用孩子禁不住诱惑这一点来进行犯罪活动,比如扣押人质向家长勒索、拐走孩子倒卖人口、和孩子父母有仇对孩子实施报复,等等。凡此种种,都是我们不得不防范的事,也是我们必须交代给孩子的事。我们要让孩子知道,不管在哪里发现了来历不明的物品,都不要随意触碰,因为它可能是坏人放置的"诱饵"故意引诱孩子的,一旦上当自己就可能出危险,甚至永远见不到爸爸妈妈了。

东东家是十里八乡有名的"大户",人们都知道他的爸爸和叔叔共同拥有一家几百名员工的厂子,资产更是高达几百万元。

俗话说"人怕出名猪怕壮",东东家滚滚的财源被个别怀有歹意的人妒嫉得眼红耳热。有一次,东东就差点被两个准备拿他做人质、勒索他们家钱财的坏人给欺骗。

那一天,东东放学后,一个人步行回家。就在他走到一个房下的时候,忽然发现在一个犄角旮旯里放着一个蓝色的包裹,包裹的一角还敞开着,露出大半个玩具手枪。东东觉得好奇,就要上前打开包裹看个究竟。但是瞬间他又觉得不对劲儿,东东心想,落在地上这么大个东西,应该是从摩托车后座上不小心掉下来的。可是再看看地面上,没有摩托车行驶过的痕迹。如果是从自行车上掉下来,因为行驶速度较慢,一般骑车的人是会发现的。而且,因为道路太窄,比摩托车大的其他机动车,根本无法通过。

想到这里,东东又联想到爸爸曾经告诉过自己的,不明来历的东西不要去动,有可能引火烧身。因此,东东非常警惕地绕开那个包裹,快速走回家去了。

一个星期后,东东从家人那里得知了一个消息:叔叔家的孩子雷雷被两个坏蛋绑架了,幸亏公安人员及时破案,解救了雷雷。

原来,绑架雷雷的人所用的方法就是拿包裹及玩具引诱,然后再冷不防出来说雷雷偷了他们的东西,趁着孩子慌乱的时候进行绑架的。雷雷没有东东那么机敏，就中了坏人设下的圈套了。

坏人真是防不胜防，阴谋诡计也是多得很，更令人气愤的是，居然把矛头指向未成年的小孩子，实在可恶至极！

气愤归气愤，但并不会因为我们的气愤，不法之徒就会全部消失。因此，我们能做的，就是让孩子学会防范，学会自我保护。像事例中的东东，就是一个防范意识较强的孩子，而这，或许和他爸爸之前对他的教导不无关系吧！

安全指南针

1. 别听信陌生人的话

有些坏人为了讹诈孩子，会故意把钱包之类的东西丢到地上，然后指着被用作“道具”的物品说：这是谁丢的呀？如果孩子好奇，走过去捡起来，就会中坏人的圈套。此时，坏人的同伙很可能会讹诈说孩子偷了他的东西。这样，孩子就说不清了。

2. 不要养成爱占便宜的习惯

俗话说：穷养儿子富养女。且不说其中有几分道理，也不管是男孩还是女孩，我们建议，父母们对孩子都尽量“富”养。这里所说的富养并不是指满足孩子无限度的物质欲求，而主要是指从精神上让孩子有高贵的心灵，不要自私，爱贪小便宜。否则，孩子很容易禁不住别人的诱惑而上当受骗。

3. 对特殊物品即使好奇也不要急于查看

父母要告诉孩子，当在一些特殊场所，比如火车站、偏僻的小角落等发现比较特殊的物品时，先不要急着上前拿起或者打开。这样做一方面是提防有人在里面放置麻痹神经的药物或者伤害人的利器等，另一方面也提防坏人以此来敲诈孩子，实施不法行为。

PART 2

揪出居家隐患，“小鬼”也能早当家

——培养孩子的居家安全意识

家是孩子温暖的港湾，是孩子成长的乐园。而居家生活中，也潜藏着很多不容易被我们察觉的安全隐患。据统计，全世界每年发生的儿童意外伤亡事故中，大约有两百万起是由于家中的不安全状况造成的。为了给孩子一个快乐的童年，为了给孩子一个安全的成长环境，希望父母们密切注意居家安全，避免孩子遭受伤害。

别让阳台“害”了孩子

提炼关键词

防护栏　好奇心　潜藏危险　摔伤

安全大讲堂

通过阳台，我们可以眺望外面更广阔的世界，我们可以多呼吸一些室外的新鲜空气。可是，父母们可曾知道，对于小孩子来说，阳台也是一个潜藏着危险的地方。

因为孩子们对于外面的世界充满好奇，而住在高楼上的我们往往也都不会给阳台装上护栏。尤其是那些没有玻璃窗封着的阳台，就更容易成为发生危险的隐患所在。

所以我们说，为了孩子的安全，父母们一定要重视起阳台的安全性，同时提前告诉孩子懂得自我保护，不要因阳台而受到伤害。

一位名叫壮壮的6岁男孩，在搬入视野开阔的新家之后，对于十平方米大的阳台产生了强烈的兴趣。因为以前的家是老城区的旧房子，楼层矮，楼间距也小，所以壮壮对于窗外几年如一日毫无新鲜感的景象早已没了兴趣。

可是新家不同，这里是近郊的一处繁华地段，房子也是二三十层高的塔楼，在阳台上向外一看，方圆十几平方公里的景象尽收眼底。更让壮壮兴奋的是，在天气晴朗的时候，还可以眺望远处的山峰。

然而，装修的时候，壮壮的父母却忽略了阳台的安全问题，没有装防护栏。在一次家人不注意的情况下，壮壮独自一人踩着阳台上放置着的一把凳子，然后爬到阳台的窗户上。恰巧窗户是开着的，纱窗也因为刚刚摘下来洗了而没有安装。就这样，不幸便发生了。壮壮一下子从阳台窗户摔了下去。

好在不幸之中有万幸，壮壮摔在了楼下的一棵粗壮柳树的枝丫上。事后被小区里的邻居发现，将他救起。壮壮除了受到一点的惊吓外，就是身体擦破几块皮，骨骼什么的均无大碍。

尽管如此，这件事也让壮壮的父母担惊受怕了好久，至今都心有余悸。

看完这个故事，估计作为读者的你，也捏了一把汗吧！实在是太危险了，壮壮小朋友也着实幸运，否则后果将不堪设想。

由此也可以看出，没有护栏，甚至是护栏较低的阳台都是存在安全隐患的。要想避免不幸的发生，父母们一方面要注意阳台的防护功能，另一方面也要监督和教育孩子，不要爬阳台的窗户，也不要踩到凳子上从窗户向外看，更不要翻越较低的护栏。这样，才会给孩子的安全加一层“防护网”。

安全指南针

1. 为阳台装上材料牢固、结构简单的栏杆

很多高层楼房，在建造的时候，往往会考虑到阳台的安全问题，所以有很大一部分是有护栏的。但有的护栏可能不那么结实耐用。这一点就要具体情况具体对待了。

但是，不管有无护栏，也不管护栏是否结实，作为有小孩的家庭来说，都有必要在阳台上安装上材料牢固、结构简单的护栏。

为什么要结构简单呢？这是因为简单结构的护栏，不容易让孩子在上面攀爬；另外，如果栏杆生锈，也比较好清理锈迹。

2. 记住三个数字：105、110、11

相关管理规范对于阳台的防护栏有这样的规定：多层住宅，阳台栏杆净高要大于等于1.05米；中高层、高层住宅的栏杆净高要大于等于1.10米；阳台栏杆的间距，在有孩子活动的地方不能大于11厘米。

之所以这样规定，是业内人士经过科学测算得出的结果。据统计，我国男子平均身高统计值为1.656米，在直立状态下，其中心高度为994毫米，带鞋为1.01米。根据这一点，规定的安全高度为1.05米。另外，对于高层建筑为提高人的心理安全感，所以特意将栏杆净高规定为1.10米。

3. 让孩子懂得：从高处跳下会摔伤

有些孩子，根本不知道危险为何物。他们幼小的心灵里，经常会把自己幻想成一只小鸟，尽情地在天空中翱翔。如果你的孩子也这样，那么在听到孩子的这个想法后，请你一定不要指责他，也不要笑话他。最好的办法是，在保证安全的情况下，让孩子自己尝试一下。例如，在柔软的沙地或者土地上，让孩子从高一点的地方跳下来，看看“小鸟”能否飞起来。此时，家长有必要适当地告诉孩子，人是没有翅膀的动物，与小鸟是大不相同的，人就算是站在高处向下跳，不仅飞不起来反而会摔伤。

陌生人敲门咋办？父母要多教

提炼关键词

警惕性　冷静　以身作则

安全大讲堂

亲爱的父母，你们有过留孩子一个人在家的时候吗？例如，你们周末都要加班，父母双方又不在，不得不把孩子留在家里；例如，你们要出门逛街，而孩子却想留在家里睡一会懒觉……相信大多数的父母都有过这种经历吧，那么平时你们给孩子讲过如何应对陌生人敲门的防范方法吗？

也许你们认为平时孩子单独在家的时候很少，没考虑过这方面的事情。但是，你们想过没有：孩子独自在家时，有可能会遇到陌生人敲门、送快递、推销产品的情况，没有警惕性的孩子很可能听到门铃就赶紧跑来开门。可是，要是敲门的人不怀好意的话——

暑假的一天，10岁的小鹏独自在家写作业，忽然门铃响了。小鹏以为是爸爸回来，想都没想就径直把门打开了。谁知，门开之后，门外却是一个不认识的中年男人。

“你找谁呀？”小鹏问。

中年男子笑着回答道：“我是隔壁邻居的哥哥，刚从乡下过来，我弟弟正在路上，待会就回来了，现在我太累了，就想来你家休息一下。”小鹏听说是邻居，赶忙把对方让进屋里，还说：“那您在沙发上歇会吧！”

谁知，中年男子一进门立刻把门反锁了。小鹏还没反应过来呢，就被对方捂住了嘴巴。紧接着，这人拿出兜里的绳子将小鹏捆住，并用胶带封上了他的嘴巴。小鹏这才知道上了当，可是后悔已经来不及了。他发不出声，也动弹不了，只得眼睁睁地看着对方将家里的现金和贵重物品装到自己的包里。临走时这人还警告小鹏不许报警，使劲踢了他几脚，致使其身体多处瘀伤。

瞧，陌生人敲门时，孩子主动开门，万一对方是坏人，这多么危险啊！由此我们可以看出，孩子独自在家时，如果有人敲门，千万不要随意去开门。要让孩子明白这一点，提高警惕性，就需要父母平时注意给孩子进行恰当的安全教育。其实，只要做父母的平时多注意这方面的沟通，不仅可以避免悲剧的发生，还可以安心地让孩子“小鬼当家”。

有的父母觉得，自己也对孩子说过要提防坏人，不要随意开门之类的话呀！可是单纯的一两次这样简单的说教所起到的作用是很有限的。也就是说，要让孩子在陌生人上门时能够冷静地灵活应对，还需要在生活中经常对孩子进行这方面的沟通、引导和示范。只有这样，孩子的内心才会真正被“植入”应对类似情况的措施和方法，才不会忙中出错。

安全指南针

1. 以身作则，不要随意开门，先问清楚情况

父母的言行是孩子无声的老师，当有人敲门时，父母要以身作则，为孩子做好榜样，不要随意开门，要先从猫眼看看。如果不熟悉，那就问清楚情况，然后再考虑开门与否。在你们的影响下，孩子也会这样做的。一般来说，坏人会以家长的同学、朋友、同事等为借口请求孩子开门，为此你要跟孩子讲明：

可以在不开外门（防盗门）的情况下（这一点务必做到），大胆盘问对方一番，如“我妈妈叫什么名字？”“我爸爸在哪个单位上班？”……如果对方回答不上，支支吾吾，那就一定不要开门。

还有一种情况是，对方能准确说出相关信息，这时是不是就该开门呢？NO！事实上，陌生人通过各种渠道了解一家人的相关信息并非难事，千万不要让孩子放松警惕，要先给你们打电话，说明情况。就算对方真是朋友、熟人，你们也最好请对方改日再来拜访，通情达理的人一般都会理解。毕竟，他们是来拜访大人，不是来拜访孩子的。

2. 用游戏和故事，引导孩子正确应对

除了平时要以身作则之外，家长还可以用“过家家”游戏和相关的故事，以兴趣正确地引导孩子。比如，你们可以故意让孩子一人在家，然后扮作“陌生人”来敲门，用各种办法骗孩子开门，以此来观察孩子的应对能力；你们也可以给孩子多讲一讲“三只小猪”或者“大灰狼和小白兔”的故事，等等。这些方法都可以更有效地激发并调动孩子的兴趣，让孩子以积极的状态、愉快的心情，在玩乐当中学会安全常识。

3. 嘱咐孩子要冷静，多种方法灵活应对

不怀好意的陌生人就像故事里的大灰狼一样，很狡猾、很奸诈，总有数不尽的甜言蜜语和方法骗孩子开门，甚至在敲门被拒后，还继续敲门。孩子该怎么做呢？这就需要父母将安全应对措施升级，确保孩子灵活应对，斗智斗勇。

不应答是最简单，也是最好的办法。家长可以告诉孩子，无论对方怎么敲门，嘱咐孩子就是不出声，不答话，让对方认为家中无人，便会自行离开。所以，就算有陌生人来也不用紧张，只要不主动开门，一般的小偷是绝对弄不开防盗门的。当然，为了以防万一，家长最好给孩子留有手机、电话等通信工具，以保证孩子能够及时地发出求救信息。

另外，无论怎样，孩子不能透露自己一个人在家的实情。可以教孩子用“爸爸妈妈正在睡觉”或是“大人们都在看电视”等话语来暗示对方，也可以冲屋里高喊：“爸爸，有客人来找你！”最好还要在屋子里事先打开电视或者音乐，让对方觉得家里有大人，在心理上产生压力和恐惧，很多时候对方就自己逃掉了。

如果歹徒以为家里没人，或不听劝阻，干脆开始撬门，这种情况下应该教孩子如何做呢？分两种情况。第一种，趁歹徒没有发现自己，那么就快速地隐藏起来，一旦有机会就赶紧逃走，然后求救。第二种，如果歹徒发现了自己，那么可以利用对家庭环境的熟悉，赶紧躲避到其他房间，把门反锁，然后通过阳台、窗口高声呼喊，向邻居、行人求救，还可立刻拨打 110 报警。

别让窒息夺走孩子的生命

提炼关键词

异物　玩小东西　预防措施

安全大讲堂

孩子是每个家庭的小幼苗，虽然生机勃勃，但是却很脆弱，很需要大人的保护。如果在这一点上，父母及家人没有做好的话，那么很可能导致孩子出现危险情况，甚至失去生命。

在孩子生活的周围，存在着很多有可能引起窒息的因素。在此，我们为大家列举一些容易造成窒息的物品和食物：气球、硬币、钢笔或圆珠笔的笔帽、橡皮、别针、电池、弹珠、小球或玩具、塑料袋、纽扣、珠宝首饰等，坚果、爆米花和瓜子、大块的苹果或葡萄等。

除了这些，我们每天睡觉时离不开的棉被也是可以引起窒息的一个“罪魁祸首”。曾经有媒体报道，一个10岁的孩子因为夜里睡得太沉，被厚厚的棉被压着头部而造成了窒息，并最终死亡。

由此可见，我们必须高度重视起引发孩子窒息的各方面因素，尽可能排除所有隐患，给孩子一个安全的环境。

5岁的多多有一个不好的习惯，就是总爱把手上的东西随手往嘴里放。发现儿子这个习惯后，多多的妈妈不断地批评他。尽管如此，可多多并没有改掉这个坏习惯。

周末的一天，多多在做幼儿园老师留的家庭作业——画一幅画。他开始认真地画起来。画着画着，多多就开始把玩手里的水彩笔，接着便不自觉地把摘掉的水彩笔帽放到了嘴里，还不停地咬着。

这个时候，妈妈正好进入他的房间，看到多多嘴里又在“吃”东西，便气不打一处来，赶紧叫多多吐掉。可是，多多由于冷不防受到了惊吓，不由得倒吸了一口气。这下可坏了！笔帽顺着他的嗓子眼进入了气管里！顿时，多多憋得小脸通红，咳嗽不止。妈妈顿时吓坏了，赶紧打120急救电话，带孩子去了医院。

由于就医及时，最终经过医生的一番抢救，总算把多多吞下去的笔帽给取了出来。多多终于可以顺畅呼吸了，只是气管壁受了点小伤。

这又是一个不幸中有着万幸的案例！试想一下，假如多多没有得到及时的救治，或者把笔帽吞得再深一些，很可能因为窒息而丢掉性命。

很多父母可能想不到，平时那些不起眼的一个小玩意居然还会对孩子造成生命危险！而活生生的事实已经为我们敲响警钟，在我们生活的周围，在我们孩子活动的周围，存在着很多被大人疏忽大意的危险因素。

因此，身为父母，为了能让自己的孩子健康地成长，我们就有必要为其创造一个安全的环境，不要发生案例中多多出现的那种危险情况。

安全指南针

1. 告诉孩子别玩小东西

如果父母看到孩子手里拿着小东西在玩耍，那么请你一定别大惊小怪，更不要大呼小叫，而应该平心静气地对孩子说：“宝贝，你手上拿着什么东西呀，可以给妈妈看一下吗？”

这样对孩子讲，孩子才会更愿意配合大人，交出“危险物品”。当孩子交出来之后，父母可以将这个小东西举在孩子面前，告诉他：“宝宝，这个东西对你来讲太危险了，如果你不小心把它放入口中，那么就很可能会进入你的肚子里。你想想啊，那样的话该有多痛苦！”

如果孩子还不“开窍”，那么我们可以接着对他说：“若是那样，爸爸妈妈就会很担心，你自己也会很不舒服，我们就要带着你去医院，让医生打针输液。如果这些都不行，还得在宝宝你的肚子上划一道口子将这个东西取出来。”

孩子在父母经常性的告诫和心理暗示下，对这些小东西产生“警觉”，少玩甚至不玩这些东西。那么，孩子的安全指数也就相应提高了。

2. 教孩子掌握一些预防窒息的措施

平时，我们如果多给孩子一些指导，告诉孩子哪些东西容易引起窒息，孩子需要注意些什么，那么对于预防危险的发生，将会起到很好的作用。

我们可以告诉孩子这样几点。

首先,在吃圆形的坚硬的小颗粒食物时,比如坚果、爆米花、硬的糖块等,一定要细嚼慢咽,而不要狼吞虎咽地吃下去。

其次,我们还要告诉孩子,当他的衣服掉了纽扣,一定不要将纽扣放在嘴里玩,否则不小心吞下去,就很可能发生危险。此外,类似于硬币、玻璃球等也都不能放在嘴里含着玩。

再者,在吃饭的时候,告诉孩子不要嘻嘻哈哈,说说笑笑,而应该细嚼慢咽,安静地吃饭;在跑步和走路的时候,也不要吃东西,否则,异物一旦进入气管中,就很容易造成窒息。

最后,还要提醒孩子,在睡觉的时候,不要蒙着头,那样也会出现窒息的危险。

3. 当孩子发生窒息,可采取的应对措施

有些危险,如果及时地得到正确的处理,可能会挽回生命。窒息就是其中一种。如果很不幸,你的孩子发生了窒息,那么我们作为父母,要懂得一些简单的应急救护的知识。

4. 提醒孩子不要慌张、哭闹,而应配合医生抢救

当吞下异物后,气管就因为被呛住或者食道会因为被卡住而让孩子产生剧烈的身体反应,比如咳嗽、无法正常呼吸,还有一些孩子会因为精神上的恐惧而大声地哭闹,不停地用脚踹,用手挠。这样,医生就无法近身施救。所以,我们可以告诉孩子,发生了危险,哭闹只会让身体越来越难受。相反,如果安静下来,配合医生的话,就会好得快得多。

养宠物,还是谨慎一些好

提炼关键词

野性　体检　疫苗　远离客人

安全大讲堂

美国有句名言:“狗是男孩最好的朋友。”孩子渐渐长大了,你和孩子是否希望在家里养一只小宠物呢?小宠物能够对孩子的成长产生很多积极的影响,有助于培养孩子良好的性格,比如培养爱心、耐心,激发孩子的责任感,等等。

但是,由于孩子还小,对于一些病菌的抵抗力低于成年人,所以,在养宠物的同时,一定要关注孩子的安全问题。另外,宠物给孩子带来欢乐的同时,也可能会带来伤害。要知道,动物毕竟是动物,不管它多么温顺,都难以改变固有的野性。也就是说,如果要为孩子养一只小宠物,那么我们还要注意避免宠物对孩子造成伤害。

上小学三年级的女孩苗苗暑假期间去了农村的奶奶家。奶奶家饲养的小兔子引起了苗苗的兴趣,她以前只在动画片或者书中见过小兔子,没想到这次竟然见到“活物”了。这让苗苗兴奋不已。临回城里前,她向爷爷提出请求,要带一只小兔回来。

宝贝孙女要小兔,爷爷高兴还来不及呢,所以欣然应允。

苗苗按照爷爷告诉她的喂养方式,精心喂养着这只远道而来的小兔子。可是,有一天,苗苗正给小兔子喂菜叶的时候,小兔子突然松开了菜叶,一张三瓣嘴竟然对着苗苗的小手就咬了一口。虽然力度不大,但苗苗的手上还是被刻下了4个小兔子的牙齿印。

无独有偶,7岁的明明家养了一只宠物狗。在小狗生产的过程中,明明带着好奇心前去观看,却没想到,本来性情温顺的小狗突然发狂,咬住了明明的腿。虽然明明穿着厚厚的毛裤,但他的腿上还是被咬青了一小块。

原本苗苗和明明喂养宠物都是图个乐趣,结果因为不小心而被宠物伤到,实在让人感到心疼和遗憾。

我们都不否认,养小宠物的确会给孩子、给家庭带来很多欢乐,让我们的生活空间变得更放松,更有意思。与此同时,我们也必须承认,宠物也给我们的安全和健康带来一定的隐患。除了上述案例中讲到的宠物用嘴巴咬人之外,其本身的唾液、分泌物、排泄物以及皮毛上面,往往有一些病菌和寄生虫。孩子的抵抗力往往比较低,他们比较容易感染这些病菌,同时由于自我保护能力不强，也更容易被宠物咬伤。

所以，如果我们要养宠物的话，一定要注意为孩子做好安全防护。最好让孩子别和宠物太过亲密。另外，我们也要嘱咐孩子，不要接触别人家的宠物。这样才能更好地保护自己。

安全指南针

1. 给宠物做个全面的"体检"

父母要永远记住，只有健康的宠物才可能是安全的宠物。所以，如果考虑养一个宠物的话，一定要为宠物驱虫、打防疫针，这些是必不可少的哦！

2. 不要对宠物抱有"幻想"

宠物的主人往往都觉得自己养的宠物很乖，不会对自己，也不会对他人造成什么伤害，以至于不采取一些安全措施。如果你也这样认为，那可就错了。即便你养的宠物品种有着"乖巧伶俐"的美誉，也不意味着可以轻视安全防范。

3. 让宠物远离客人

如果家中来了客人，不要让宠物围着客人转。要知道，宠物在人多的环境往往比较兴奋，所以它可能会活蹦乱跳。如果客人带着孩子，可能其注意力会更多地集中在孩子身上，所以就更不容易摆脱宠物的侵扰。因此，最好的办法就是把宠物单独放进一个空间里，不要让他出来"骚扰"客人。

4. 别让宠物上沙发

当你抱着孩子在沙发上，或者孩子坐在沙发上玩的时候，最好别让宠物上沙发。否则会让孩子与宠物产生不必要的"接触"，如果宠物占了上风，那么对孩子来讲也是一种"侵略"。

5. 让孩子知道和宠物接近有危险

作为父母，我们要经常提醒孩子，和宠物接近有时候是会出现危险的。所以我们要告诉孩子，一定不要用小手去戳宠物的眼睛、耳朵，也不要将手放进宠物的嘴巴里，更不要拖着宠物的尾巴或者乱扯它的毛发。

卫生间，不容忽视的安全问题

提炼关键词

防滑　刺激性　溺水　自觉防范

安全大讲堂

孩子渐渐长大之后，卫生间往往成为他们探险的“圣地”。他们会经常趁爸爸妈妈不注意，溜进卫生间，自己找点乐子。

虽然卫生间对孩子来说，是个“宝贝”众多的地方，可以在很大程度上满足孩子的好奇心和探索欲，但是这里也是个存在危险的地方，需要我们高度提防。

那么，卫生间到底存在哪些安全隐患呢？我们可以一一列举出来。如马桶、洗手池、浴缸、墙面、地面等，几乎所有的设备都是硬硬的。一旦碰着磕着，孩子就感到疼痛，甚至可能发生严重的危险。

毛毛是个3岁多的小男孩，正是对一切感到好奇的时候。有一天，趁着家人没注意，毛毛自己溜进了主卧室旁边的卫生间。他先是看到了置物架上放着的刷子，便拿过来玩耍。他大概是看到爸爸或者妈妈拿刷子刷过马桶，他也依样学样地“刷”起马桶来。结果一不小心，一头栽进马桶里。好在马桶水槽较浅，没有让毛毛呛水。但是他的头还是磕了一个大大的包。顿时，毛毛大哭不止，惊吓加上疼痛，让他只能用哭泣来表达自己的情绪。

还有一个案例，曾经有个10岁的女孩，自己在卫生间洗澡，由于地面湿滑，一不小心摔倒在地上，造成身体受了皮外伤。

不管是蹒跚学步的幼儿，还是逐渐长大的小学生，都比较容易在卫生间这块小小的区域里受到伤害。轻则磕碰撞伤，重则遭受重伤甚至丢掉性命。看来，虽然卫生间面积不大，但它的“陷阱”却不小。所以，我们提醒家长朋友，在装修房子的时候，一定要考虑到未来的安全问题。地面和墙面所用的瓷砖，最好都是防滑性比较高的那种。其他的布置和陈设也要尽量符合卫生间这个小区域的设计和功能等方面的风格。如果布局不够合理，那么就有必要采取措施，进行调整。当然，我们在平时还要多给孩子讲一些安全知识，让孩子学会自觉防范。

安全指南针

1. 如何防止孩子滑到

卫生间用水多，地面容易湿滑，所以孩子也就容易滑倒。由于孩子平衡能力不强，保护自己的能力有限，所以需要父母把防范措施做到位。

具体来讲，我们有必要注意这样几点。

(1)卫生间的地面使用防滑性较好的瓷砖。

(2)在浴缸、卫生间门口，铺上橡胶地垫。

(3)为孩子选择防滑拖鞋。

(4)及时清除掉卫生间地面上的水渍。

2. 如何防止孩子皮肤中毒

一般情况下，我们会在卫生间放置一些洗涤用品。而有一些清洁用品含有次氯酸钠、过氧化钠等化学成分，这些东西对于呼吸道有强烈的刺激作用。为了避免让孩子接触到，我们要将其放置在位置较高的地方，并且要注意拧紧盖子。另外，在使用类似物品的时候，要注意通风，以免扩散在空气中给孩子的呼吸道带来刺激。

除了这种有毒的、刺激性强的清洁用品之外，那些柔顺剂、洗衣粉、洗发水等刺激性不强的东西，也最好不要让孩子接触到，最好放在孩子够不到的位置，或者加装安全锁。

3. 如何防止孩子溺水

孩子喜欢探索，特别是对于水往往充满好奇。澡盆中的水，浴缸中的水，都容易吸引孩子的注意力。孩子在玩耍水的时候，可能因为失去平衡而跌入水中发生危险。

对此，家长们该怎样应对呢？

(1)孩子在浴盆中洗澡的时候，不要让他离开你的视线。对于5岁以上的孩子，自己单独在浴盆里的时间也最好不要超过5分钟。

（2）在不洗澡的时候，一定不要让浴缸里盛满水，最好是随手关上浴室的门，以防孩子进入。

4. 如何防止孩子触电

卫生间是个潮湿的环境，这对于各种电力设施是个考验，如果使用不当，很容易发生短路、触电等危险。因此，父母应当承担起安全的责任，确保每样设施安全可靠。

警惕厨房可能对孩子造成伤害

提炼关键词

刀具　起火　关闭燃气　安全区域

安全大讲堂

对于一个家庭来说，厨房是家庭生活的重心，也是经常活动的场所。同时，厨房也是家中危险系数最高的地方。特别是对孩子来讲，普通的厨房里隐藏着很多危险。

可是，要想把孩子完全挡在厨房之外似乎也不太可能，因此我们有必要高度关注厨房的安全问题，防止危害孩子的情况出现，保证孩子在厨房中能够安安全全。

在吉林省某小城的一个社区内，某住户的厨房突然起火。当天刮着五六级大风，火势迅速蔓延开来。社区内的居民发现这一情况后，赶紧打电话报警。

火被扑灭之后，有关方面对此进行了一番调查，结果表明，火灾原来是一个8岁大的孩子所引发的。

这天，由于父母出去办事了，把孩子自己一个人留在家里。孩子在好奇心的驱使下，趁着父母不在，自己跑到厨房里玩这看那。

厨房地面有些水渍，孩子一不小心摔倒了。结果撞在正烧着的煤炉上。

孩子的衣服便被烧着了。好在这个孩子还算反应迅速，把衣服脱了下来。但孩子在慌忙中，把脱掉的衣服恰好又扔到煤炉上，于是火烧得更旺了。就这样，屋内堆积的杂物也被点燃了，火就大起来了。

值得庆幸的是，孩子见势头不妙，赶紧从屋子里逃了出来，身上没有受到什么伤害。

真不知道是该为这个孩子感到庆幸，还是感到遗憾。孩子在发生危险后，能迅速逃离现场，这是一件值得庆幸的事。而孩子带着好奇心到厨房去玩耍，由于家长没有考虑到厨房里潜藏的危险因素而引起火灾，这实在令人遗憾。

不管怎样，厨房这个给我们创造美食，带来生活乐趣的空间，也同样可能给我们的孩子造成一些伤害。所以，为了孩子的生命健康，也为了家庭财产的安全，我们有必要采取措施，避免让孩子在厨房受到伤害。

安全指南针

1. 关于厨房布置的安全事项

(1)开放式厨房虽然时尚，但却不利于孩子的安全。因此，最好不要采用开放式的厨房。

(2)厨房所需的剪刀、菜刀、开瓶器、叉子等尖锐的物品要放在孩子够不到的地方。

(3)橱柜最好别用玻璃门，而用导轨滑动式的木质材料的门，以防止孩子开门时被玻璃划伤。

(4)洗洁精等物品要放在孩子够不着的地方。同时，父母们还要遵循这样一个原则，选择清洁物品时，要在去污能力、消毒功效相当的情况下，选择毒性小的清洁用品。

(5)厨房里的电器，例如微波炉、电热水壶、电饭煲等，在不用的时候把插头拔掉，电线也要卷起来挂到孩子拉不到的地方，以免造成危险。

(6)对于家里有3岁以下孩子的家庭，在选用垃圾桶的时候，也要注意这样一点，不要选择无遮挡的垃圾桶，而应使用加盖的垃圾桶。这样可以防止孩子翻动垃圾。

(7)厨房里不要放置板凳，这一点和阳台类似，以防止孩子用凳子来够取高处的危险物品，同时也防止孩子因为踩凳子不稳而摔倒。

(8)用来点火用的打火机、火柴等物品要放在孩子够不到甚至不知道的地方。同时父母还要知道楼道里的灭火器的位置和使用方法，好在发生火灾时及时营救。

(9)餐厅的桌子上不要铺设台布，以防孩子拉扯台布，而让上面的东西掉落下来砸伤自己。

2. 使用厨房时需要注意的安全事项

(1)家长在做饭的时候，不要让孩子在自己身边走来走去，更不要让孩子在厨房玩耍。如果孩子的年龄很小，可以用学步车或者婴儿车等将孩子固定在一个安全的区域。

(2)凡是热的食物和饮料都不要放在孩子身边，也不要放在孩子伸手就能够到的地方。同时，还要特别注意，家长端着热的食物时不要从孩子头上经过，以免造成烫伤。

(3)当地面溅了水渍、油渍时要及时清理，以免孩子不小心滑倒摔伤。

(4)在烧水或煎炸食物时不要离开，锅把要转到孩子够不到的方向。

(5)使用微波炉加热东西的时候，千万不能让孩子站立在微波炉面前，头部正对着加热区。

(6)当不用燃气灶的时候，一定要将总闸关闭，以免孩子独自玩耍时无意中打开燃气，造成危险。

你的孩子会坐电梯吗

提炼关键词

扶梯　急停按钮　被困　报警器

安全大讲堂

看到这个题目，你可能会有点小小的惊讶，说不定心里还在琢磨：我们天天都要乘坐电梯,孩子不用学,慢慢也会知道怎么坐呀!

其实,事实并非你想的那么简单。看看电视、报纸和网络上那些时常会出现的乘坐电梯时发生的事故就知道了。

当然,很多事故,是因为电梯本身的质量问题,或者管理人员失职,没有及时检修造成的。但也有一些是因为乘坐电梯不当,或者安全意识不强而导致的。

因此,为了保证孩子乘坐电梯时的安全,我们应该提前教会孩子一些相关的知识,提高孩子这方面的安全意识和面对危险时的处理能力。

2011年7月份,北京地铁四号线动物园站自动扶梯安全事故,造成了1人(少年)死亡,3人重伤,27人轻伤。转瞬之间,一位少年生命戛然而止。

同一时期,上海一部载有十多名乘客的电梯突然从4楼自由落体般"直坠"底楼。几天之后,深圳地铁4号线清湖站的上行扶梯突然发生意外,造成多名乘客受伤。

这些大都是由于电梯本身的质量问题造成的意外事故,致使一些人身体遭受伤害,甚至丢失了性命。在此,我们为大家讲述一起媒体上曾经报导过的电梯被困事件。

小男孩阿阳在一次独自乘坐电梯的时候,忽然遭遇电梯停电。电梯间立马黑漆漆一片,电梯停止了运行,电梯门也无法打开。

阿阳一时不知如何是好,心急如焚,甚至很是担惊受怕。不过,他冷静了一下之后,想到以前父母曾告诉过自己,万一被困电梯如何求救的事。他定了定神,看向电梯按钮处的上方,有一个亮着的小灯。他知道这个小灯旁边的按钮就是报警器。

于是,阿阳用手指朝这个报警器按下去。没过多久,小区的保安和电梯维修工就赶过来了,在几个人共同努力下,电梯故障被排除,阿阳安然无恙地走出了电梯。

事例中的小男孩,在独自一人面对突如其来的电梯故障后,虽然有短暂的惊慌,但很快便想起父母曾经告诉过自己的应对办法,并付诸实施,最终顺利地让自己摆脱了危难。

试想,如果阿阳之前没有从父母那里学来如何面对这种问题,那么他或许除了惊慌失措之外,只有坐等别人发现了。而那样的情况,会给孩子造成多大的困扰和伤害啊！

可见，要想让我们的孩子能够安全地乘坐电梯，我们有必要事先告知他乘坐电梯时的注意事项以及遇到危险时如何进行自救。

安全指南针

1. 6 岁以下的孩子别穿洞洞鞋乘坐电梯

夏季的时候，我们都会给孩子穿凉鞋。可是要知道，材质软的凉鞋是很容易被扶梯卷进去的。卷进去之后，很可能电梯的安全装置无法及时启动，以便电梯停运。那样，孩子就会出危险了。

2. 让孩子站在家长身体前方

一起乘坐扶梯的时候，孩子最好站在家长的身体前方，并用手紧紧拉住孩子。前文所述北京 4 号线地铁扶梯事故中，一位家长就是牵着女儿的手，在发现故障后，赶忙将孩子举起来，从而避开了危险。

3. 人太多的时候，不要坐扶梯

在乘坐扶梯或者厢式电梯的时候，都要嘱咐孩子，看到人多就等一下，不要拥挤。比较合适的位置是，能与上下台阶的其他乘客保持至少一个台阶的距离。

4. 遇到紧急情况，应第一时间按紧停按钮

每一部扶梯的上下两个地方，都有一个紧停按钮。一旦扶梯出现故障，靠近按钮的乘客可在第一时间按下按钮，这样扶梯就会在极短时间内缓冲很小的距离，然后自动停下了。

5. 不能按紧停按钮时怎么办

如果不能很快按下紧停按钮，那么就要用双手紧紧抓住扶梯的扶手，然后抬起脚，但不要接触到扶梯。这样，人就可以随着扶梯的护栏移动，而不至于摔倒。

6. 厢式电梯发生故障时如何应对

当发现电梯在运行中忽然停止，那么我们就该立即按下电梯内的紧急呼叫按钮。按下之后，等待救援即可。

如果很不幸，按钮坏掉了。这时候，我们可以冲着电梯门大声呼叫，或者拍打墙壁，好让外面的人听到。

假如电梯没有停止，而是快速下坠，这时候我们要马上分开双腿，然后屈膝、踮脚，并张开双臂，扶着电梯的墙壁。

7. 一定别让孩子在电梯里玩耍

孩子大多调皮，为了玩耍可能不顾及所处的环境和场所。如果你的孩子把电梯作为游戏场所的话，那么请你一定要加以制止。

乔迁之喜，别光顾了开心

提炼关键词

新家　装修污染　开窗　环保材料

安全大讲堂

乔迁新居是每个家庭的大事，也是喜事。当新买的房子装修一新，每个人都会为此感到激动。可是，我们也不要忽略了，在这种开心的背后，也要学会排除一些安全隐患。最主要的就是装修污染问题。

其实，关于这一点，大多数父母都很清楚。所以，当我们要入住新家的时候，都会先让房间释放一下味道。但是，很多父母却忽略了，对于抵抗力较强的大人来说，刚装修好的新房，当闻不到空气中有异味的时候就可以了。可对于抵抗力相对低一些的孩子来说，可能还远远不够。

据某三甲医院的一位医生介绍说：在他接诊的儿童白血病患者中，有80%以上的孩子所居住的房间在半年内装修过。

这样的数字不得不引起家长们的重视。因此，在感受乔迁之喜的幸福和兴奋时，千万不要忘了对孩子、对家庭而言安全、健康才是最重要的事。

豆豆是一个北京的小朋友，马上要上小学了。为了让孩子有个好的学习环境，豆豆的父母举全家之力，在三环上的一个黄金地段购置了一套学区房。

价值300多万的房子买下来了，可豆豆父母的腰包也空空如也了。为了节约开支，他们在装修上便采用了一些便宜的材料。

让他们没有想到的是，为了节省几万元的装修费用，他们付出了惨重的代价。

原来，房子装修好之后，空置了4个多月，豆豆的父母闻不到房间里有什么特殊气味，便搬进来入住了。为了照顾孩子方便些，在一个月之后，豆豆也和照顾他的奶奶一并搬进了新房。

可是，入住没几天，豆豆就表现出头晕目眩、恶心呕吐等症状。短短十来天的工夫，豆豆就从一个胖乎乎的小男孩变成了一个面色蜡黄、食欲缺乏的孩子。起初，豆豆的父母认为可能是孩子近期肠胃不适，才会有这样的症状。为此，他们到小区里的药店买了些治疗孩子肠胃的药，拿了去让豆豆吃。豆豆吃了药之后，不但没有明显好转，症状反而更加严重了。

这时候，豆豆的父母才高度警觉起来。他们赶紧带孩子去了儿童医院。经医生详细询问并检查得知，原来孩子是因为装修污染而出现此症状的。医生还告诫他们，如果没有早一些意识到这个问题并紧急治疗，那么孩子有可能会出现生命危险。

豆豆的父母因为疏忽大意，而在装修房子时考虑欠妥。他们只从经济角度着想，而没想到装修材料不好会给孩子造成这么大的伤害。不过幸好，豆豆接受了比较权威的检查，并得到及时救治。否则，后果真是不堪设想。

也许你会说，装修之后，半年后再让孩子入住还会存在装修污染问题吗？

其实，如果选用的材料不理想，装修污染是一个长期的过程，比如5年、10年。所以，我们一定不要想当然地认为在开窗透气半年后，新家就肯定不存在污染了。

最科学的办法当然是，入住新装修的房子之前，找专业的监测机构给检测一下。如果在安全范围内，那么就入住，否则，就暂时不入住。当然，在装修之初，我们也一定要避免豆豆父母那样的做法，不要为了省钱而随意选择一些污染严重的装修材料。

如果资金不充裕，那么我们可以把房子装修得简单一点，但一定要选择环保材料。千万不要为了省钱，或为了美观而不顾及装修材料的污染情况。

安全指南针

1. 树立环保意识是减少污染的第一步

装修为的是舒适、美观，但我们更要注重健康。为此，尽量选择那些污少和无污染的材料来做内墙和地面的装饰，比如木材、竹子、大理石等天然材料，也可以用一些棉、麻、丝等织物。粉刷墙面的涂料最好是不含苯的全水性乳胶漆。

另外，在装修完之后，要开窗通风一段时间，等污染物挥发得差不多了再住进去。住进新装修的房子后，也要经常开门窗通风，让室内保持空气流通，以减少污染造成的危害。

2. 认识误区，不要想当然地定义“无污染”

关于室内装修污染，很多人存在着一定的认识误区。在此我们指出几点具有广泛性的误区。

(1)无味道就是无污染。实际上，甲醛、苯和氨等有害物质具有明显的刺鼻味，而氡却是无气味的气体。再者说，我们能够闻到空气中的污染气体的味道时，这种污染物在空气中的浓度已经达到了超标值的0.25倍以上。而氡这种气体不管浓度多高，我们的鼻子都不会闻到。所以，我们不要过分依赖自己的鼻子，最好还是找室内污染监测机构来帮忙处理。

(2)没装修就不会有污染。虽然说装修是主要的污染源，但是家具的污染也不容忽视。尤其是那些密闭的衣柜、橱柜等家具，甲醛浓度往往会大量超标。因此，选购家具的时候，我们最好谨慎一些，选择污染较轻的和没有污染的板材。

3. 如何解决室内装修污染

(1)将装修简约化。现在很多家庭在装修中秉持轻装修重装饰的理念。其实，不管是装修还是装饰，我们都要尽量以实用、简约为主，因为装修过度是非常容易导致污染叠加效应的。

(2)尽可能地控制污染源。要想预防装修中造成室内空气污染，首先要在源头上把好关。选择那些符合国家标准的、无污染的装修材料。

(3)让植物帮着净化空气。很多绿色植物不但可以用来点缀居室环境，还能够有效地去除污染。比如，天竺葵、常青藤、绿萝、吊兰等植物都能有效吸收甲醛。另外，有研究数据显示，在24小时照明的条件下，芦荟能够将一立方米空气中90%的甲醛给吸收掉。

教孩子学会如何使用电热毯

提炼关键词

取暖　三通插头　不可水洗

安全大讲堂

当天气变得寒冷，又没有暖气供应的话，很多家庭都会采用电热毯来取暖。电热毯比空调省电，比炉子安全。尽管如此，但由于电热毯是由电热芯、可燃的布和棉等材料连在一起，稍不注意，就可能引发火灾。

对于孩子来说，在让他们享受电热毯带来温暖的同时，如果不能正确操作，那么还是具有很大安全隐患的。因此，为了避免电热毯成为孩子取暖的“杀手”，作为家长就有必要采取一些措施，并教会孩子正确使用电热毯。

进入12月份，萌萌所在的南方某城天气骤然转冷，特别是随着两场小雪的光临，对于没有暖气的地区来说，电热毯成了他们比较理想的取暖设备。

为了让女儿有个好的睡眠，萌萌的妈妈每天都在女儿睡觉前，将电热毯打开一小时。这样一来，萌萌钻被窝的时候就暖和多了。

但是，有一天，却因为萌萌对电热毯使用不当而发生了危险，差点就酿成火灾。

这一天，萌萌的父母外出办事，只留萌萌一个人在家。睡午觉的时候，萌萌觉得有点冷，她就自己打开了电热毯。

睡了一个多小时的午觉后，萌萌起床吃了点水果，便出去找同学玩了。一直玩到下午4点多，萌萌才回家。一到自己家楼下，萌萌便发现，消防队员正拿着灭火水枪往自己家扫射。原来，由于萌萌忘了关电热毯，导致时间开得太长而着起了火。

像萌萌家一样，有很多家庭都会选择用电热毯来给孩子取暖。这种取暖设备方便又实惠，实在是理想之选。可是，如果操作不当，比如线路老化容易造成短路，就会引发起火。

所以，要想让电热毯安全有效地为我们提供服务，我们就一定要用正确的方式来对待它。比如，睡前早点打开，睡觉时把电源关掉，而不要为了孩子一晚上都能够有个暖和的被窝，开一宿电热毯。要知道，那样做是很危险的。

安全指南针

1. 使用三通插头

有时候，尽管我们非常细心，但也避免不了偶尔疏忽。为了防止一时疏忽而忘记关掉电源，我们建议父母们选择三通插头，一头插电灯，一头接电热毯。这样一来，当入夜开灯的时候，电热毯会通电升温，而睡觉将灯关掉后电热毯也会跟着断电。

2. 几点需要注意的正确使用方法

首先，电热毯通电时间不要太长，一般是睡前通电加热，上床入睡时要关掉电源，千万不能通宵使用；其次，有过敏反应的人最好不要用电热毯；再者，对于经常使用电热毯的人来说，要注意多喝水；最后，在电热毯的上面要铺一层毛毯或者被单，而不要让身体直接与之接触。

3. 不可在无人状态下长期开着

为了防止发生意外，电热毯通电后不可长时间无人，不可在电热毯上面堆放重物，不可将热水袋放在毯体上同时使用，不可将毯体弄湿受潮，特别要防止小孩、病人尿床等。

4. 清洁电热毯不能水洗和揉搓

当电热毯脏了后，不要浸泡在水里清洗，也不要揉搓，而应平铺在木板上，然后用软毛刷子一点点拭干，或者蘸点稀释过的洗涤剂轻轻擦拭污面，再蘸清水刷洗。最后放在通风处晾干，需要注意的是，一定不要通电烘干。

5. 软床使用电热毯要求更要高一些

对于沙发床和钢丝床等软床来说，在上面铺电热毯，一定是要用折叠型的。市场上销售的电热毯大多是直线型的，这种电热毯只适合在较硬的床上使用，而不能在软床上使用，否则容易折断发热元件，发生意外。所以，如果你的孩子睡的是软床的话，那么请参考这一条建议，为孩子选择折叠型电热毯。

6. 卷曲而非折叠保存电热毯

在收藏保存电热毯的时候，要先将其晾干，再圆形卷曲装袋储藏。需要提醒的是，不可多层折叠，不可挤压或重压，以防损坏毯体元件。

7. 不要让电热毯“超龄服役”

一般来说，电热毯的正常使用年限为6年。也就是，最多到6年的时候，就要让电热毯“退役”。因为无限期使用很可能会导致安全隐患，引发事故。

不是所有文具都是安全的

提炼关键词

刺鼻气味　涂改液　油画棒

安全大讲堂

文具是孩子频繁接触的东西，如铅笔、橡皮、涂改液、荧光笔等。这些看似很平常的东西，却不排除隐藏着对孩子造成危害的可能。要知道，组成这些文具的材料和成分，本身就存在一定的“毒性”，如果使用不当，那么很可能成为孩子健康的“杀手”。更何况，有一些文具本身就属于不合格产品，通过一些非正规渠道进行销售。这些文具大都价格低廉，但其危害往往较大。

所以，为了让孩子能够有一个安全的学习环境，父母们一方面要到正规商场、超市为孩子购买文具；另一方面，要教会孩子如何正确使用各种文具。只要我们做到这两点，并对孩子适时进行监督的话，那么他就不会遭受文具的“伤害”了。

不久前，刚升入小学三年级的琳琳忽然出现了长时间的鼻塞、打喷嚏症状。妈妈给她量了体温，不发烧。琳琳也没有其他的感冒症状，这让妈妈感到困惑，女儿为什么一连三四天鼻塞和打喷嚏呢？

为了安全起见,琳琳妈妈还是带着女儿来医院进行了检查。经医生检查,原来琳琳患的是过敏性鼻炎。接下来,医生对琳琳进行了一系列的过敏原测试,最后结果表明,琳琳对一些特殊的香味过敏。

围绕着这个线索,医生询问琳琳的妈妈,近段时间孩子有没有去过什么地方,有没有接触过有着特殊香味的东西?琳琳妈妈仔细回想了一下,她想起来,前些天带着孩子去郊区玩,发现马路边有卖各种奇形怪状的文具的小贩。琳琳觉得很有趣,在城市里还从来没见过这么新奇的玩意儿,于是就要妈妈给她买一些。

妈妈也觉得这些文具很新奇,就给琳琳买了几块漂亮的散发着香味的橡皮,还买了一种颜色鲜艳、同样散发香味的绘画用的纸。

据医生判断,很可能问题就出现在这些文具上,他建议琳琳妈妈,不要让孩子接触这些东西了,最好全部丢掉。

遵照医生的话,琳琳妈妈将这些东西全部扔掉了。很快,经过一番简单的治疗,琳琳的过敏性鼻炎消失了。

为了新鲜,琳琳拥有了一些特别的文具;为了健康,琳琳又不得不扔掉这些文具。如果没有及时请医生检查并治疗,也许琳琳妈妈还不知道女儿是为何出现鼻塞症状。想想看,万一用治疗感冒的方式,自己给孩子喂一些感冒药,那么琳琳的病不但好不了,反而还因为耽误治疗而造成更加严重的状况。

由此可见,我们在为孩子选择文具的时候,一定要加倍小心。同时,我们要在发现孩子有什么"特殊情况"出现之后,立马到医院检查,以免耽误治疗,对孩子的身体造成更大伤害。

安全指南针

1. 不要购买带有刺鼻气味的文具

一个文具再新鲜、再漂亮,如果有着刺鼻的气味,也不要给孩子购买。在购买文具的时候,如果允许试用,我们要先试用一下,然后再决定是否购买。

2. 长期使用涂改液容易引起中毒

很多孩子已经将传统的修改文具——橡皮弃之不顾,而是较为普遍地使用起涂改液来。我们知道，涂改液的覆盖力强，使用起来也比较方便，所以深受孩子们的欢迎。可是，由于涂改液是一种化学合成物，含有一些化学物质，这些化学物质容易对肝脏、肾脏造成慢性的危害，或者造成眼睛流泪、发红，严重者还可能引起白血病等症状。

在此，我们建议，家长应嘱咐并监督孩子尽量使用不带香味的橡皮。如果使用涂改液，也应尽量减少剂量，同时应注重与纸张保持一定距离，不要趴在涂了涂改液的纸张上。这样可以一定程度上避免气味直接通过呼吸进入人体内。

3. 油画棒也可能危害孩子身体健康

油画棒的主要成分是燃料，这些燃料中含有一种无机燃料，也就是天然矿石。其中含有锑、砷、钡、铬、镉、铅、汞等重金属元素。这些重金属元素一旦被摄入人体，就会造成中毒。其中砷的部分化合物是已知的致癌物质，会引致皮肤癌、肺癌及消化系统癌症。钡的所有水溶性化合物皆有毒，中毒症状包括肌肉抽搐、高血压、痉挛、肾脏受损害等症状。所以，在孩子使用油画棒的问题上，家长一定要引起足够的重视，让孩子注意卫生，以免对身体造成潜在危害。

4. 对家长们提出几点忠告

孩子身体健康是每个父母最为看重的问题。在此，我们提出三点忠告，帮助家长关注和维护好孩子的健康。

(1)尽量不使用或者少使用涂改液。使用涂改液的时候，要让鼻子、口腔和眼睛离得尽量远一些；如果涂改液接触到皮肤，一定要好好清洗。

(2)使用油画棒时，一定要让孩子养成良好的卫生习惯。用完后，一定要好好洗手，以免在进食的时候将重金属摄入体内，危害身体健康。

(3)在为孩子选择文具时，一定要到正规渠道精挑细选，不要贪图新鲜好玩的品种，而应注重文具的质量和材料。始终记住：安全第一！

玩具也可能是孩子身体的“杀手”

提炼关键词

劣质材料　“三无”玩具　认真检查

安全大讲堂

现在,商品丰富,人们的物质条件充裕,孩子们的玩具再也不像父母们小时候那样“稀有和罕见”,而常常是“多得没地方放”。

但是,父母们可否知道,并不是所有的玩具都是安全的,和其他产品一样,玩具也会存在一定的危险性。有的是无良厂家为了牟利而采用一些劣质材料进行生产,有的则是因为技术不过关而生产一些新奇好玩但却会造成危险的玩具。不管是哪种情况,都需要引起我们的重视。

某市工商局接到一所小学的投诉举报电话,称该校学生在学校附近的一家小商店里购买了一种叫做“臭屁炸弹”的玩具,在校内玩耍的时候发生了集体中毒事件。

据报道,这种名叫“臭屁炸弹”的玩具在孩子们中非常流行,踩踏之后会发出一种难闻的臭味,孩子们却乐此不疲,常拿这种玩具和其他同学逗弄,结果造成多名孩子被熏得眼睛流泪、头昏脑涨。

经相关机构检查得出结论,这种“臭屁炸弹”产生的气体为硫化氢。该气体是无色、有臭鸡蛋味并且有剧毒的气体。吸入微量该气体就会造成头痛、头晕、恶心等症状;如果吸入较多,则会使人智力下降、昏迷甚至死亡。

还有一则案例,一位姓王的女士发现自己不到 4 岁的儿子眼睛莫名红肿。随之她带孩子去了医院,经医院诊治得知,孩子是受到了某种毒性物质的刺激导致这一症状的。医生询问后得知,王女士给儿子买了几个玩具,这些玩具散发的气味儿伤害了孩子。

和其他产品一样，玩具也有优质和劣质。上面案例中，都是因为玩具存在有毒物质而造成孩子身体受到伤害。当然，还有一些玩具，是因为制作粗糙，或者设计有问题而对孩子造成伤害。因此，为了孩子的安全考虑，父母们在选购玩具的时候，就一定要注意产品的质量，不要让本该给孩子带来快乐的东西，成为孩子健康的“杀手”。

安全指南针

1. 购买适合孩子年龄的玩具

一般来说，正规生产厂家的玩具都会标明该玩具的适用年龄范围。对于这一点，家长需要引起注意，不在孩子年龄段适用的玩具，一定不要购买；即使有亲戚朋友为孩子购买了玩具，也要制止孩子玩，否则可能会发生危险。

2. 不给孩子玩“三无”玩具

关于玩具的安全性问题，国家有相关规定。根据《国家玩具安全技术规范》规定，每一种安全的玩具都应视其特点，对重要警示（警告）、适用年龄、适用场所、使用方法、电池安全使用说明、所用材质的安全性等进行说明。那些“三无”产品是没有这些说明的。所以，在选择玩具时，家长一定要先检查这些东西，在不了解玩具性能的情况下，不要让孩子玩耍，以免造成不必要的伤害。

3. 认真检查玩具零部件的外观和结构

一些制作粗糙的玩具，存在边角锐利的问题，容易造成割伤、刺伤等危险。另外，玩具的螺丝钉如果不结实或者露出尖端，也可能会造成孩子误食、误伤等。

具体来说，在购买下面的各类玩具时，我们需要注意其具体的问题。

（1）对于带有齿轮、发条的玩具和电动玩具，首先要检查其活动部件的间隙是否会夹伤孩子的手指；其次要注意驱动机构是否有外露现象。

（2）骑行类玩具，比如自行车、滑板车等，要先确定其重心稳定性。另外，要观察转动轮轴的齿轮有没有保护壳，否则不要让孩子骑，以免裤脚或者脚趾被卷入或者卡住。

（3）选购毛绒玩具时，家长应先用手指拉拉玩具的眼、鼻等小零件，看看是不是容易脱落，然后再检查拼缝边的牢固度，以免被孩子误食而造成危险。

4. 其他一些需要注意的危险因素

(1)带电池的玩具：在使用一段时间后，电池要及时更换；如果长时间不玩该玩具，要把电池取出来，否则电池内的化学物质可能对孩子健康不利。

(2)噪音过大的玩具：有些玩具能发出很大的声音，据相关介绍，超过70分贝就会使孩子的听觉系统受到损害。所以，为孩子购买发声的玩具时，家长们还需要注意噪音问题。

别让疾病"一个传染俩"

提炼关键词

病毒　隔离　传染途径　多运动

安全大讲堂

很多家庭出现感冒，都是全家"总动员"，一个人感冒了，其他人也因为被传染而跟着感冒。最可怜的要数小孩子了，他们抵抗能力相对大人较差，一旦家里有"病毒"出现，他们就逃不过。这一点，实在令父母们忧心。

其实，要想避免这一情况，也不是没有办法。如果患者能及时将自己隔离，那么就能在很大程度上避免传染给家人，特别是孩子。

除了感冒，还有其他一些疾病也容易造成传染，轻者如咳嗽、哮喘方面的疾病等，重者如肺炎、乙肝等。不管什么疾病，我们都不希望孩子成为受害者。因此，在家庭中，父母们要做好安全隔离工作，不要让孩子遭受不必要的伤害。

露露是个7个月的早产儿，生下来后在保温箱里待了一个多月。对于这个好不容易得来的女儿，一家人都视为掌上明珠。特别是露露的妈妈为了让女儿有个好的身体，看了很多养育孩子方面的书籍，并将其运用到抚养露露的过程中。

现在，露露已经快上小学了，身体状况良好，早已看不出是个早产儿了。这还要多亏了妈妈及全家人的精心照料。

就拿预防传染疾病这一点来说，露露全家就做得很好。凡是有大人感冒了，都要立即和家人隔离，自己单独吃、睡在一个房间里，即使出来也要戴着口罩。不管是谁，都不能在感冒还没彻底康复之前接近露露。

可以说，露露的身体一直比较健康，和家人的精心呵护是分不开的。而有一些家庭，在这一点上却做得不好。在此也举一个例子。

洛洛的姥姥对于外孙疼爱有加，从洛洛出生那天起，她就不让其他人陪洛洛睡觉，每天都一定要由自己陪着。洛洛很小的时候，晚上要吃母乳，姥姥都是定好闹钟，到了时间把洛洛抱到妈妈房间里，吃完了再回来。

这还不算，即使姥姥感冒了，她也不允许别人陪洛洛，她总说洛洛跟自己睡习惯了，跟别人肯定睡不好。洛洛的父母为了照顾长辈的情绪，也不好说什么。当然，洛洛的姥姥在自己生病期间还是比较注意的，她会戴上口罩，咳嗽的时候也会转过脸去。可即便这样，还是有两次将感冒病毒传染给了洛洛。

同样是疼爱孩子，显然露露的家人比洛洛的家人要做得好很多。如果每个家庭都能像露露家那样，孩子会少得一些传染疾病；而如果像洛洛的姥姥这样，那么即使小心谨慎，也难免让孩子多遭受病毒的侵袭。

既然如此，那么家长们应该明白了，在对于传染疾病的问题上，只要条件允许，还是多给孩子一些科学的抚养和防护为好。否则，孩子生病，揪心的还是大人！

安全指南针

1. 管理传染源

(1)对于孩子的精神和生活情况，父母要做到及早发现，及早隔离，及早治疗。

(2)一旦孩子与传染病患者接触，要及时进行医学检查和采取其他预防措施。

(3)孩子在家里接触过传染病人，家长应及时通知幼儿园和学校。

(4)如果家里养的宠物患有传染性疾病，那么最好实施隔离治疗，严重者建议杀灭。

2. 切断传染途径

(1)家人中有患有肠道传染疾病的,要让其着重管理好自己的饮食、粪便,还有所使用的餐具等,一定要注意个人卫生。

(2)家中有人患有呼吸道传染病,一定要戴口罩,同时保持室内空气流通,必要和可能时进行空气消毒。

3. 让孩子养成多运动的习惯

俗话说“生命在于运动”,对于小孩子来讲同样适用。除了生活上注意卫生、注意饮食之外,家长们还要让孩子养成运动的好习惯。要知道,病毒总是爱侵袭那些体质弱的群体。一旦孩子体质增强了,那么他的免疫系统就会有效地工作,病毒就不那么容易有“落脚”之地了。

PART 3

进行户外活动，安全放在第一位

——培养孩子的户外安全意识

旅行中坠入山崖、在野外深陷沼泽、参观展览遭遇踩踏……多种多样的事故不断地在户外发生着。遭此厄运的家庭，不免陷入悲痛，失去完整。相对于大人，孩子更容易在户外遭遇不测。为此，教会他们一些相关的知识显得尤为必要。

孩子被野生动物伤害了，该怎么办

提炼关键词

亲密接触　威胁　不明身份

安全大讲堂

对于动物，几乎所有孩子都有说不尽的喜爱。不管是在小区里看到猫呀、狗呀，还是在动物园里看到别的动物，都会情不自禁地产生愉悦之情，希望与动物来个“亲密接触”。这些动物基本上都有人看管，孩子也就不容易遭受动物的抓咬等伤害。

可是，当孩子在野外游玩的时候，也可能会碰到野生动物。这些动物可是没人看管的家伙，一旦兽性大发，说不定就会追逐、抓咬孩子，使孩子受到伤害。

如果不幸发生了这样的事情，游玩的性质自然就会大打折扣，不但孩子自己遭受痛苦甚至受到生命的威胁，而且家长也是担惊受怕，郁闷难耐。所以，为了避免此类情况发生，当带孩子在外游玩的时候，家长们应教会孩子怎样避免遭受动物的伤害，如若被动物咬伤该怎样自救。这样，才会把危险降到最低限度。

刘畅参加完小学毕业考试，终于可以让身心放松一下了，便和爸爸妈妈一起到郊区游玩。

一家人怀着轻松愉快的心情来到一座草木丰茂的山前，决定用1个小时的时间爬上这座海拔近千米的小山。因为到了山顶正好可以看到正午的阳光照射到城里的一座地标建筑，据说那是该市的一大景观呢！

一路上，三个人有说有笑，累的时候就相互鼓劲儿，很顺利地就爬上了半山腰。可是，眼看着山顶近在咫尺了，走在最前面的刘畅却被从旁边树丛中钻出来的一条蛇给咬伤了。

顿时,刘畅和爸爸妈妈都被吓坏了,山是肯定不能爬了,于是他们赶紧下山,准备去医院找医生救治。

此时,离他们不远处的一个爬山者走到跟前,说道:"你们看一下,孩子被蛇咬的地方出现了红肿,而且蛇在她身上留下的是两个小洞,根据我的经验判断,这应该是毒蛇咬的。如果是没有毒的蛇,留下的会是一排细密的齿痕。"

一听是毒蛇咬的,刘畅一家更是担心坏了。这位好心人接着告诉他们,遇到这种情况,最好赶紧清洗伤口,并尽可能把毒素给挤出来。这样不利于毒素扩散,对救治也会有很大帮助。

听了这一番话之后,刘畅的爸爸妈妈赶紧行动,好心人也一起帮忙。他们先是给刘畅清洗了受伤的部位,接着又用手指甲把里面的一些毒素挤了出来。以最快的速度做完这一切后,他们连忙下山赶往医院。据医生检查,咬伤刘畅的的确是一条带毒的蛇。医生也表示,那位帮助他们的好心人显然是有经验的,他提供的处理方法也很对,如果不那样做,可能会影响治疗和康复呢!

听到这里,刘畅一家对那位好心人感谢不已。

虽然被蛇咬伤属于不幸,但刘畅毕竟还算幸运,因为她遇到了一位有经验的好心人为她提供了帮助。而大多数情况下,很多人是没有这么幸运的,也就是当遭遇被野生动物伤害后,或许只能靠自己的经验和智慧来降低危害。因此,这就要求父母们多学一些相关的知识,并将之告诉孩子。当遇到此类危险的时候,说不定会起到意想不到的作用呢!

安全指南针

1. 体型较大的动物更易侵害人

相比之下,体型较大的动物更加危险,比如国家重点保护的大象、老虎、羚羊、豹子等动物,和野猪、狼等非国家重点保护动物。如果人和这些动物狭路相逢,就可能被伤害。

2. 不要让动物产生"威胁"的感受

业内人士认为,一般情况下,大部分动物不会主动攻击人。动物也需要"安全感",当动物与人相遇时,如果它们认为自身的安全受到了来自人的威胁，这时候就可能对人发起主动攻击。因此，当发现这样的动物时，我们要让孩子知道尽量保持平静，不管是肢体动作还是声音都不要有不寻常的举动，否则会被动物认为你要攻击它。

3. 发现不明身份的动物要报告给有关部门

在一些乡村里，偶尔会出现野生动物闯进来的现象。我们要告诉孩子，遇到这种情况不要前去围观，也不要随意伤害它们。如果遇到野生动物正在伤害他人，也不要奋不顾身上前救助。最好还是赶紧报告有关部门，让他们来进行处理。

4. 被毒蛇咬伤后怎样处理

如果像上面事例中提到的，万一被毒蛇咬伤。我们要让孩子知道，不要快速奔跑，因为跑动的时候会加剧人体对蛇毒的吸收和蛇毒在人体内传播的速度。正确的做法是，马上用柔软的绳子或者带子，在伤口上面打结。比如，手指被咬伤要扎在指根部位；手掌或者手臂被咬伤，要扎在手腕或者胳膊肘上；小腿被咬伤，要扎在膝关节的上方。扎好后，如果可行的话，可以用手指甲用力挤出毒汁，虽然不可能全部挤干净，但是毒素越少越容易被治疗。需要提醒的是，在自己处理伤口的过程中，最好保留伤口原状，不要使之遭到破坏，因为医护人员可以根据伤口的外形来判断被何种动物咬伤以及咬伤的程度等。

5. 被虫子蜇伤后该如何处理

除了容易引起我们注意的大块头野生动物外，还有一些小型的野生动物，同样对人具有的伤害性，对这些小家伙，一样不能小觑。具有较强攻击性的比较常见的小动物如黄蜂、蝎子、蜈蚣等，一旦孩子被其蜇伤，就会出现伤口痛痒、红肿，甚至出现头晕、恶心、呕吐等症状。

面对这种情况，要先把毒汁挤出来，然后用水冲洗。如果有肥皂水、氨水、醋等更好，如果没有，用随身携带的清水冲洗也可。当然，这种情况仅靠自己处理是不行的，最好还是赶紧去医院找专业的医生给予治疗。

小心冰下有"魔爪",一旦掉下就麻烦

提炼关键词

冰窟窿　正规滑冰场　充分准备

安全大讲堂

烈日炎炎的夏季,孩子们喜欢去水里游泳;而到了天寒地冻的隆冬时节,滑冰则又成了孩子们的一大乐趣。那种踩在冰面上自如滑动的感觉,实在是太爽了!

可是,有趣归有趣,不管是游泳,还是滑冰,因为要牵涉到水,特别是那些野外的池塘、河流等,由于没有专人看管,就更容易发生危险。

每年冬天,几乎都会有几起孩子因为滑冰而落入冰窟窿的报道。有的孩子比较幸运,被救上来,身体安全;有的则很不幸,从此失去了宝贵的生命。

那么,为了使孩子避免遭受这样的不幸,父母们一定要教会孩子一些预防和自救的措施。

琪琪是一名8岁的小女孩,从5岁半开始,父母就给她报了旱冰兴趣班,开始学习滑旱冰。琪琪的平衡能力和运动能力都比较强,在同龄孩子里头学得算是非常不错的,深受老师的夸奖。

在兴趣班学习了两年后,琪琪对真的冰面有些蠢蠢欲动了。她央求妈妈在附近河里结冰之后,允许她前去滑一下真的冰。

起初,妈妈没答应,对琪琪说这太危险了。可是,最终没经得住琪琪的软磨硬泡,妈妈答应下来。

冬天到来了,河里开始结冰了。琪琪想滑一下真的冰面的愿望也快实现了。一想到这里,琪琪别提有多开心了!终于,等到"三九"时节,这时候气温寒冷,冰面也几乎是一年中最厚最结实的时候。

这一天，琪琪在妈妈的陪伴下，来到了离家不远的一个河边，准备滑冰。然而，就在琪琪准备要踩河边的冰面时，妈妈发现了危险情况。原来，就在离他们所站的河岸不足5米的地方，有一处冰面下泛着汩汩的水流。妈妈赶紧拉着琪琪的手，让她回到岸上来。随后，娘儿俩一起走过去看那个泛着水流的地方。根据经验判断，妈妈认为这一定是有人特意砸开了冰面。见此状况，琪琪和妈妈都心有余悸。当然，她们也很庆幸及时发现了被砸开的冰面，否则琪琪有可能不注意而失足落水。那样可就麻烦了！

的确很为事例中的琪琪感到庆幸，也为她的全家感到庆幸。如果不是妈妈及时发现破裂的冰面，说不定琪琪在滑冰的过程中会落入冰窟窿里，那样后果可就不堪设想了。

其实，若想让孩子避免遭遇此种危险，父母们还是要从源头抓起，干脆禁止孩子“游野泳”、“滑野冰”，要玩的话，还是去人造的泳池和旱冰场吧！

安全指南针

1. 一定要去有人工管理的正规滑冰场

尽管我们提倡要让孩子多亲近自然，但是前提是一定要在安全范围内。像滑冰、游泳之类的存在较强危险性的活动，最好还是选择有人工管理的正规场所。虽然不能保证这些场所就会百分之百安全，但是从概率上讲，要比野外的无人管理的场所安全系数高出很多。

2. 滑冰前要做充分的准备

(1)孩子身上不要带坚硬的物件，比如钥匙、小刀、手机等，为的是摔倒后不硌伤身体。

(2)穿滑冰鞋的时候，前两三个扣眼的鞋带可稍微松一点，而后面的鞋带要系紧，脚腕在鞋里不晃动为合适。

(3)所穿服装的厚度、松紧度要以不妨碍运动为宜。同时，还要让孩子戴上手套和护具，以免初学者摔倒时擦伤皮肤。

(4)检查冰刀刃部有没有严重磨损，防止蹬冰无力和侧滑。

3. 滑冰过程中需要注意的安全事项

(1)如果滑行有方向性，告诉孩子一定不要逆向滑行，另外在滑行通道中也避免急停。

(2)如果身边有初学者,那么要告诉孩子不要在他们面前做花样动作,也不要擦肩而过,以免初学者受到惊吓摔倒引起彼此受伤。

(3)在不开阔的地方和人比较密集的地方,嘱咐孩子不要一味求快或者相互竞赛。

(4)如果不慎摔倒,那么要立刻坐起,并慢慢爬起,如果做不到及时爬起来,就寻求同伴的保护,如若无人陪同就环视一下自己周围的动向,防止被别人撞上造成伤害。

(5)如果身边的同伴摔倒,如果没必要,尽量不要把他拉起来,特别是穿着冰鞋的时候,因为那样可能会造成自己摔倒,给对方和自己造成第二次伤害。

(6)当发现冰面质量突然改变时,要立即减速,以免发生危险。

沼泽和滩涂,也是要命的主儿

提炼关键词

芦苇荡　有惊无险　深陷

安全大讲堂

沼泽和滩涂对城市里的孩子来说,是比较陌生的。他们大多是通过电视、图书对其有一些了解。但是有些时候,我们可能会带着孩子去游玩,甚至去探险。在此过程中,说不定会遇到滩涂和沼泽,而它们都是有着极高危险性的地方。文学作品中,我们常会看到有人不慎进入沼泽地或者落入滩涂中,都有很高的危险性,有的甚至因为等不到救援而葬身于此。

为此,我们要让我们的孩子避免深陷沼泽和滩涂,此外,还要教给孩子一些一旦落入该如何自救的方法。这样,孩子才能尽可能避免危险的发生。

暑假里的一天,苗苗跟着爸爸妈妈来到位于江南某地的奶奶家。一来到奶奶家,苗苗就兴奋不已,她觉得这比自己生活的北方城市好多了,至少空气湿润，不像在自己家时总那么干巴巴的。

还有，奶奶家周围有很多湖泊和河流，这种自然界的游乐场所可比城市里人工建造的游乐场有趣多了。就这样，苗苗每天都和表哥、表弟几个人到自然界中寻找天然的“游乐场”。

这一天，几个孩子乘坐公交车来到一处知名的景点游玩。这里是当地有名的湿地公园，在公园外围，是一块面积很大的芦苇荡。据苗苗的表哥说，芦苇荡里有很多一种名叫苦菜的野菜，全家人都很爱吃。

一向喜欢照顾别人的苗苗一听全家都爱吃那种野菜，立马号召大家去挖野菜。因为是旅游景点，所以这里还有卖篮子和铲子的，苗苗买了三个铲子和两个篮子。然后，几个孩子就一起到芦苇荡挖野菜去了。

其实，除了给家人挖野菜，几个孩子更多的还是体会到了在大自然中尽情玩耍的快乐。他们一边挖一边聊天，还不停地往芦苇荡的深处走去。然而，让他们没想到的是，他们不知不觉走出了很远，竟然一不小心陷入了一块滩涂地。最先陷进滩涂的是苗苗的表弟峰峰，峰峰感觉不妙，赶紧告诉大家不要继续前进了。可话还没落地，苗苗也一脚踩了进去。

好在苗苗反应快，她告诉表哥赶紧去芦苇荡外面找大人来救援，同时她还嘱咐表弟尽量踩在滩涂上面别晃动身体，否则更容易陷进去。

几分钟后，苗苗的表哥找来了附近的几个大人，由于滩涂不算太深，大人们经过一番努力，把两个孩子给救了上来。

总算是有惊无险！可是苗苗和表兄弟们肯定也会为这次的经历感到心有余悸。如果没能及时找来救援的人，后果可能不堪设想。

我们知道，滩涂是河滩、海滩和湖滩的总称，当水面平静，没有涨潮的时候，滩涂一般不会有什么危险，但是如果刚刚退潮，那么滩涂就会比较危险。而沼泽地也多是出现在湖泊、河流边缘地带，也有的会出现在森林荒野处。虽然在平时生活中深陷沼泽和滩涂的几率几乎为零，但是在孩子们喜欢的户外活动中，如果缺乏这方面的应对技巧，一旦遭遇紧急情况，可就危险重重了。因此，父母们很有必要教给孩子一些应对滩涂和沼泽的办法，好让孩子在遭遇危险时能够成功逃脱。

安全指南针

1. 对于不熟悉的地形，要在大人陪伴下前去

我们外出游玩之前，一般都会提前在网上查询一些资料，了解所去地方的一些情况。可是孩子才不管那一套，只要是好玩，就都可能引起他们的兴趣，而对于危险因素却往往不予考虑。

为此，在出门之前，父母有必要和孩子“约法三章”：在人多的地方，不要和大人相距超过 5 米远；也不要去自己不熟悉的地方，等等。

2. 告诉孩子沼泽和滩涂的特征

平时生活中，我们可以多给孩子普及一些和大自然相关的知识，让孩子学会分辨正常的陆地和沼泽、滩涂的区别。比如，沼泽一般在潮湿松软的水边或荒野地带，如果发现寸草不生的黑色平地要格外小心。滩涂多是在河滩、海滩、湖滩上，具体来讲，滩涂是在大潮的高潮位与低潮位之间的潮浸地带。如果刚刚涨过潮，那么这时候滩涂是很危险的，所以不要为了好玩而忽略了安全。

这样，就会在一定程度上避免孩子误入滩涂和沼泽地。

3. 当深陷沼泽和滩涂后如何自救

不管是深陷滩涂还是沼泽，最需要做的就是不要慌张。我们要让孩子知道，陷进滩涂和沼泽，并不像落到深水里一样，一掉进去就很快被淹没。陷入滩涂和沼泽，往往是慢慢地下陷，但是一旦被淹没，外面的人将很难施救。因此，在遭遇此种困境的时候，在不慌张的基础上，还要努力做到不大喊大叫、不挣扎，否则只会加快下陷的速度。

最为可行的办法是，要尽快全身趴下来或者躺下来，这时候一定不要考虑弄脏衣服之类的小事情了。平躺之后，自救措施就成功了一半，下一步关键就是要把你陷进去的腿给抽出来。以脸朝上为例，腿要向上抽动，不要两条腿同时抽，要一来一回左右交叉地往沼泽外抽，抽一抽腿就容易出来了。然后，身体不要动，而要动头，用最清醒的意识去发现沼泽的岸边，确定方位后，朝着那个方向滚。需要注意的是，打滚的速度不能太慢，要靠上半身的力量，不能用腿，否则斜着陷下去，之前的努力就白费了。如果落入滩涂中，根据情况，可行的话，要赶紧离开；如果没有离开的可能，就像上面所述的办法那样进行自救或者等待救援。

伙伴落水了，我该怎么办

提炼关键词

见义勇为　贸然施救　不可慌乱

安全大讲堂

在网络上，几乎每年都会报道几起玩水的孩子被淹死的事故。而这其中，有较多一部分并非是孩子们统统不慎落水，而是有一个或者两个孩子不慎落水，其他孩子上前施救，结果不但没有救上同伴，自己反倒落入水中丧生。

我们知道，孩子的心都是纯洁善良的，当发现同伴遇到不测，他们首先想到的是如何帮助他，有时候甚至连想都不想，就贸然下去营救同伴。只是，这种做法对幼小的孩子来讲，实在是心有余而力不足。于是就导致了前面我们提到过的没救成同伴，反而连自己的命也搭了进去。

为此，我们就要提醒孩子，在遇到同伴落水后，一定不要贸然下水去救援，而应该以最快的速度寻求周围成年人的帮助，如果有通讯设备，还可以打 110 找警察叔叔帮忙。

同时，我们还要告诉孩子贸然施救的危害，孩子一旦充分理解了大人的话，在遇到伙伴落水等危险情况的时候，就不会贸然行动了。这样一来，不但我们的孩子自身安全了，而且他的小伙伴也更容易被顺利救援了。

夏日炎炎的一天，北京郊区的一个村庄里，五六个十一二岁的孩子一起去村子附近的河里游泳。几个孩子早就是这条河的“常客”了，所以大人们也比较放心，在最初陪伴过几次之后，发现孩子们水性都不错，河水也比较浅，所以就不再陪伴，而是让孩子们相约一起去游泳。

这一天，就在几个男孩刚刚到河边的时候，忽然听见河中央有人喊救命，声音已经比较微弱了。几个孩子一看，势头不妙，肯定是有人落水了。

其中一个叫小光的男孩便迅速脱掉衣服,准备下水救人。另一个男孩李志也跟着脱掉衣服,和小光一起跳入水中救人。

小光临下水前还嘱咐其他几个伙伴,让大家不要都下去,如果发现他们救援不成功,就赶紧去找大人帮忙。就这样,小光和李志俩人跳入河中营救落水的孩子。

当他们游到落水男孩的身边后,只听那个男孩用剩余不多的力气说道:“弟弟,弟弟……”同时,他还努力把头转向了一侧。小光一看,顿时明白了,就问他:“你弟弟也落水了?”男孩点点头。

天哪,这可怎么办?一时间,小光有些不知所措。不过他很快冷静下来,并告诉同伴李志,赶紧回岸边,告诉同伴赶紧去村口叫大人来救援。同时还让剩下的几个伙伴中水性最好的王铎下水和他一起救这个落水的男孩。

在小光和其他几个孩子的配合下,落水的男孩被救了上来。前来施救的几个叔叔也在第一时间赶了来,几个人齐心协力将另一个落水的孩子给救了上来。万幸的是,两个孩子虽然都呛了很多水,但最终都捡回来一条性命。

从这件事中,我们看到,小光这个孩子是很理智的,也是很聪明的。当他发觉自己和同伴的力量无法将落水的两个孩子同时营救的情况下,做出了最合理的救助方案,最终让两个落水儿童都被顺利营救。

或许你也希望自己的孩子能像小光这么勇敢、理智而聪明。那么,就请在平时多给孩子讲一讲相关的常识吧,让孩子不要贸然“见义勇为”,而应该做到“见义智为”。当然,最好是杜绝孩子去自然水域游泳,哪怕游泳技术高也是容易出危险的。

安全指南针

1. 如果无法保证自身安全,不要贸然施救他人

在一个乐于助人的美好心灵驱使下,当发现伙伴落水后,很多孩子的第一反应可能是将伙伴给拉上来,或者下水去施救。

这些善良又可爱的孩子不知道,救落水的人是需要很大力气的,如果不是有十足的把握,还是另想办法比较好。否则不但救不成伙伴,反而连自己的安全也无法保证,甚至发生灾难。那样的话,就太得不偿失了!

2. **第一时间寻找可以帮忙的成年人**

如果在附近有成年男性，要在第一时间向他们求救。大人的办法和能力总是要比孩子强一些的。如果视线范围内看不到大人，也可用呼喊的方式来让远一些的人听到。还有一种办法，就是身上带有手机的话，赶紧打110，向警察寻求帮助。需要提醒的是，一定要告诉警察自己所在的具体位置，越详细越好，同时用简洁的语言告诉警察伙伴所面临的危险。

3. **安慰伙伴不要慌乱**

落水后，在经受命运考验的时刻，别说是孩子，就连大人都难免惊慌失措，恐惧万分。但那样的话，很容易乱了方寸，也很容易消耗体力，不利于等待救援人员的到来。因此，我们应该提醒孩子，当发现伙伴落水后，为了防止其出现急躁、恐惧等情绪，可对其进行安慰。这样，落水伙伴的情绪或许能平稳一点，也就更有利于别人施救了。

遇到踩踏事件，如何避免伤害

提炼关键词

拥挤　人群密集　脱险

安全大讲堂

一说到踩踏，可能很多人会觉得离自己很遥远。因为这种事故只是偶尔见诸报端，按照概率来说，怎么也不那么容易落到自己头上。

尽管如此，但我们不能以侥幸心理来“赌”小概率事件。再者说，“技多不压身”，掌握了遭遇这种困境的方法，万一遇到也好让自己得以脱身，而不至于受到伤害。

特别是对年幼的孩子们来说，他们自我保护能力较弱，应对突发事件的反应能力也没有大人迅速，所以当遇到踩踏事故的时候，可能会因为慌神而无法找到最合理的保护自己的办法，以至于让自己遭受身体伤害，甚至失去性命。

一位公安机关的人士曾介绍说，在踩踏事故中，被叠压在下面的人，几分钟内就可以窒息而死。此外，还有遇难者是直接被踩死的。由此可见，对于踩踏事故我们万万不可掉以轻心，而应对孩子进行相关的教育，避免孩子遭受伤害。

我们来看一看媒体上曾报道过的踩踏事故：

2004 年 2 月 5 日晚 7 时 45 分，北京密云县密虹公园举办的密云县第二届迎春灯展因一观灯游人在公园桥上跌倒，引起身后游人拥挤，造成踩死挤伤游人特大恶性事故，导致 37 人死亡，15 人受伤。

2008 年 3 月 4 日上午 8 点半左右，北京东单地铁站 5 号线换乘 1 号线通道内，载着数百名乘客的电动扶梯突然发出异常响声，乘客纷纷逆向逃离。这一突发情况导致部分乘客摔倒，恐慌的乘客发生踩踏，至少造成 13 名乘客受伤。

2009 年 12 月 7 日晚 10 时许，湖南省湘潭市辖区内的育才中学发生了一起严重的踩踏事件，共造成 8 名学生遇难，26 名学生受伤。

2009 年 11 月 25 日，重庆彭水县桑柘镇中心校下午放学时，学生流在一楼、二楼楼梯口发生拥堵、踩踏，造成 5 名学生严重受伤，数十人轻伤。

2009 年 11 月 3 日，湖南省衡阳常宁市西江小学在准备做课间操时，由于人多拥挤，学生下楼时发生严重的踩踏事故，6 人受伤。

2013 年 3 月 28 日 13 时许，陕西西安西北工业大学附小组织学生到曲江海洋极地馆进行社会实践活动。期间由于正在运行中的自动扶梯站立者稠密，导致小学生发生踩踏，19 人受伤。

踩踏事故的发生，眼看着那么多鲜活的生命在短时间内受伤甚至失去性命，实在是令人痛心的事。尤其是这种事故发生在孩子身上的时候，就更令人难过。关于校园踩踏事故，有人将其比喻为"校园里的矿难"！

为此，作为父母，我们必须尽最大可能地保护好我们的孩子，让孩子尽可能不成为踩踏事故中的一分子，更不要成为受害的那一个。当然，万一发生不幸，我们也要教给孩子如何在紧急状况下，找到最好的保护自己的方法，让自己所受的伤害降到最低限度。

安全指南针

1. 告诉孩子如何预防踩踏发生

首先，要时刻保持冷静，提高警惕，尽量不要受周围环境影响。

其次，要对于所处环境的安全出口有所了解，发生紧急情况时要第一时间跑出去。

最后，当不得已身处于混乱人群中的时候，一定要努力让双脚站稳，抓住身边一件牢固的物体。

2. 当踩踏事故发生后如何安全脱险

在行进过程中，当发现慌乱人群向自己方向涌来的时候，要以最快的速度躲到一旁，或蹲在附近的墙角下，等人群过去后再离开。

在拥挤的人群中前进的时候，要用一只手紧握住另一只手腕，让手肘撑开，平放在胸前，稍微向前弯腰，给自己形成一定的空间，这样可以保持呼吸通畅。

如果被人挤倒在地上，要让自己蜷缩起身体，成球状，双手紧紧地扣住放在后颈部位。这样可保护好头、颈、胸和腹部。

3. 告诉孩子不要到人群密集的地方去

孩子好奇心重，喜欢凑热闹，当看到人群密集的现象时，就会往近前看，想知道究竟发生了什么事。只是，他们不知道，这些地方是比较容易发生踩踏事故的，一旦发生，危险相当大。所以，我们还是多提醒孩子，不要为了满足好奇心而去一些人群密集的地方，比如混乱的球场、商场、影院等，这些场所都潜藏着危险。

建筑工地，可不是好玩的地儿

提炼关键词

观摩　好奇心　游乐场　建筑材料

安全大讲堂

沙子、水泥、砖瓦、钢筋以及叮叮哐哐的嘈杂声，共同构成了建筑工地喧闹而又有些混乱的场景。

可是，对于孩子们来说，或许并不觉得这有什么不好，相反，他们会认为这是个好玩儿的场所。如果没有接受家长的提前告知，那么孩子可能就意识不到建筑工地所潜藏的危险，不知道躲避，从而酿成无法挽回的伤害。

因此，我们要多给孩子一些引导和警告，让他深深意识到"建筑工地是危险场所"，切勿靠近。当孩子充分认识到这一点后，他就会将其固化在自己的头脑中，当见到建筑工地的时候，就会下意识地远离。这不就是孩子最好的自我保护意识吗？

笑笑虽然是个女孩子，可似乎有很多男孩子的"基因"。据她的妈妈描述，笑笑从小就不喜欢毛绒玩具、花花草草等女孩子普遍喜欢的东西，而是喜欢一些男孩子们爱玩的枪呀、车呀等。

从笑笑3岁多开始，妈妈发现她对建筑工地产生了极强的兴趣。因为他们居住的小区还有三期、四期工程，所以每当出门，就可以看到建筑工地。笑笑每次都兴奋不已，总是要妈妈或者爸爸带自己去建筑工地附近玩耍。大人们为了满足女儿的要求，往往也不会拒绝，经常带着笑笑到建筑工地附近"观摩"。

长大一些后，笑笑可以独自出门玩耍了，爸爸妈妈也就放手了，不再随时随地都陪伴她了。

但就在一次笑笑独自出门玩耍的过程中，危险发生了。笑笑延续着一直以来的爱好，到建筑工地附近玩耍，由于距离工人们施工的地方太近，碰巧被一块掉落的砖头砸伤了头部。

幸运的是，砖头从不太高的地方掉落，块头也比较小，所以只是砸伤了笑笑的一处头皮，流了一些血，很快便恢复了。

虽然笑笑没有遭遇大的危险，但她的经历实在让人胆战心惊。而作为父母，我们所能想到的，应该是笑笑的父母没能在很早的时候，教导孩子远离建筑工地，让孩子知道建筑工地的危险。正是他们的疏忽大意，才造成了孩子受到伤害。试想，如果砖头从高一些的地方掉落，块头也比较大的话，那么笑笑很可能就丧命了。那将是多么令人悲伤和遗憾的事呀！

为了使我们的孩子避免遭受不必要的伤害，我们还是要及早告诉孩子建筑工地的危险性所在，即使孩子乐于观看建造房子的场景，也要在安全范围内进行，切不可像笑笑那样距离太近，否则发生危险就后悔莫及了。

安全指南针

1. 满足好奇心，给孩子讲讲关于建造房子的事

孩子之所以喜欢接近建筑工地，往往是好奇心导致的。那里传出来的声音，那里横七竖八的脚手架以及高大得如同巨人一般的塔吊……这些都是吸引孩子注意力的东西。在他们看来，这些东西反复地被工人运用，就能建造出漂亮的楼房，实在是件新奇的事。

那么，为了满足孩子的好奇心，父母可以多给孩子讲一些关于建造房屋的事，告诉他房屋建造的过程是怎样的，需要哪些材料。在这个过程中，适当提到一些建筑工地的危险所在，并让孩子充分意识到。这样一来，孩子既能够满足好奇心，又可以认识到建筑工地的危险。那么当他再次面对建筑工地的时候，自然就更容易远离了。

2. 切勿在工地附近玩耍打闹

孩子的防范意识较弱，很多时候意识不到周围环境中存在的危险。比如，有的孩子玩耍打闹起来，根本顾及不到周围的建筑工地，直到自己或者伙伴出了危险才恍然大悟。

因为玩耍不慎而在建筑工地受伤的事情时有发生，而这些情况原本都是可以避免的。只要家长多给孩子灌输一些相关的常识，让孩子认识到危险所在，那么孩子就能多一些防范意识，不会不管不顾地到处玩耍了。

3. 给孩子讲一些相关的故事，让他意识到建筑工地不是游乐场

对于小一点的孩子来说，工地是“好玩儿”的地方，简直可以用游乐场来形容。那么，为了让孩子不踏进这个“游乐场”遭遇危险，父母们可以讲一些和建筑工地有关的故事。通过这些故事，让孩子知道，这个“游乐场”是“魔鬼游乐场”，里面是有巨大危险的，可不要涉足其中，否则就可能头破血流，甚至见不到爸爸妈妈了。

不慎落到地窖或水井怎么办

提炼关键词

踩井盖　挣扎　通信设备

安全大讲堂

地窖和水井在城市一般很少见,但这些东西却是很多农村地区必不可少的。当然,城市里也有一些污水井、管道井之类的。城市里的井基本都有井盖,农村的井大多没有井盖,地窖也多是弄一些柴火盖一下,很不结实。如果孩子不小心落入这些井里或地窖里,都可能会发生致命的危险。

类似的报道时常出现在媒体上,2013 年春天,河南某地一个女大学生因为下雨没看到井盖而落入污水井中,最终失去了年轻的生命。

由此可见,为了避免我们的孩子遭遇不幸,我们很有必要教给他们一些防范措施,以保护自身安全。

华北某地农村,那里的农民都会种很多的大白菜,为了来年卖个好价钱,往往会挖地窖将白菜保存起来,等来年开春后再卖。

这些地窖一般离家都不太远,有些人甚至挖在自己家的院子里。当地一户农民老王便是如此。老王家院子很大,整个院子里挖了两个地窖,存储了上千斤大白菜。

老王是个细心的人,为了防止家人尤其是孩子不慎落入地窖,他在覆盖地窖的柴草上面还架了几块木板,这样即使成年人踩上去也不会落入地窖中。

可是有一次,一位邻居需要一块木板,说好用一会就给还回来,可直到两天后邻居才来还木板。而就在这两天里,来老王家的一个亲戚的孩子就不慎掉落到地窖中。

因为大人没有及时发现,导致孩子在地窖中待的时间过久差点窒息而亡。幸好老王的爱人在发现孩子不见后想起来院子里深深的地窖。打开一看，孩子果然在里面挣扎，于是赶紧采取办法，将孩子救了上来。

类似落入地窖和水井中的现象时常见诸报端。城市中大多是因为井盖没放好或者井盖丢失造成孩子不慎落入井中。如果没有及时被人发现，或抢救不及时，那么很容易因为井中的毒气窒息而亡。因此，父母们一定要让孩子牢记，远离地窖和水井，走路、骑车时都要小心谨慎。

安全指南针

1. 别为了好玩而去踩井盖

孩子由于调皮，可能会把踩井盖当成一种游戏来做。却不知这样是特别危险的！有的井盖看上去好好的，但很可能由于某个地方不够妥当而侧歪，那样，孩子有可能掉到井里，也可能被井盖擦伤。不管哪种情况，都是得不偿失的，更是极其危险的。

2. 告诉孩子掉到井里或地窖里可采取的措施

首先我们要让孩子学会沉着冷静，千万别慌张，相信有人会营救自己的。其次就是掉到井里或者地窖里，赶紧大声呼救，但不要乱叫，在保存体力的情况下，尽量让声音长而远。因为只有这样，才能更容易引起周围人的注意。另外，我们还要告诉孩子，掉到井里或者地窖里后，要尽量扶住某个东西，比如井壁或者木板等，想办法别让自己沉下去，然后呼叫求援。最重要的是，一定不要让孩子放弃求生的希望，而应振作精神，寻求救援。

3. 利用身上的通信设备进行求救

现在，不少孩子都随身携带手机、平板电脑等通信设备。我们有必要教导孩子，当遇到落入井中或者地窖中的情况时，可以利用这些通信设备来寻求救援。能给爸爸妈妈打电话更好，如果不能打电话，也可以利用 QQ、微信等方式群发给自己的好友，好让更多的人知道。当然，需要注意的是，在描述过程中，一定要把自己所在的位置尽可能地说清楚，这样别人才好找到自己。

想来一次户外生存训练，你做好准备了吗

提炼关键词

野外活动　探险　急救箱　生存常识

安全大讲堂

受现代教育理念的影响，父母们越来越重视孩子自立能力的培养。其中有些父母甚至敢于让孩子尝试一下户外生存的训练。

这种教育理念没什么错，说明父母敢于放手，让孩子大胆尝试，这对于孩子独立性的培养是大有裨益的。

但是不管是何种训练，安全都是不容忽视的首要因素。我们经常通过电视、媒体等看到别人进行野外活动的相关经历，比如徒步穿越青藏高原，穿越塔克拉玛干沙漠，从山海关到嘉峪关走完整个长城，等等。这些野外活动，听起来很有诱惑力，也很刺激，但对人的生存能力的考验也是很强的。如果有什么不慎，就可能遭遇危险，甚至有去无回。

因此，如果你的孩子提出来进行一次户外生存训练，那么作为家长有必要替孩子把好关，千万不可贸然行事。如果一定要尝试，也一定要具备各种能力才行，否则后悔药没处去买。

前不久，家住北京的轩轩跟妈妈商量，说准备和几个同学在暑假期间来一次“探险”。妈妈询问是怎样的探险。轩轩告诉妈妈，他和另外3名同班同学打算利用半个月的时间骑自行车绕北京城一圈。途中，他们不会向家人求助，随身也不会带钱，吃喝住宿等全部来自于沿途打工所得。

妈妈听了，没有马上反驳，只是告诉轩轩，他们的想法很不错，这种敢于尝试的精神也是可取的，只是除了考虑用打工来解决吃住行的问题外，还有很多其他的问题没有考虑到。

轩轩觉得之前的想法已经很完备了，不就是吃住行的问题嘛，去餐馆或

者其他需要零工的地方，挣出基本的生活费用还是不成问题的。妈妈肯定是杞人忧天了，还能有什么问题呀？

妈妈看出了轩轩的疑惑，温和地告诉他：“你想过没有，万一路上受伤，你们怎么办？万一遇到坏人怎么办？你们对于地形都已经做到非常熟悉了吗……”妈妈提出来一连串的问题，轩轩一听才恍然大悟，心想：原来来一次本以为很小的探险旅程竟然这么复杂呀！

你的孩子或许和轩轩一样，会蹦出“探险”的念头，也许是一次长时间长距离的旅行，也许是一次郊外野营，也许是其他什么的。对孩子的这种想法，作为父母我们不必驳斥，更无须恼怒，而应该帮助孩子分析要想完成此次计划，需要做哪些事情，怎么来做这些事情，做不到会有什么后果，等等。只有当孩子将所有影响其计划和可能出现的因素考虑周全，并做好应对准备的情况下，才可以考虑实施。

安全指南针

1. 户外生存技巧之常备急救箱

尝试户外生存训练，没有人能够预料发生什么事情。为了保护孩子的安全，一定要准备一个急救箱，而且要随身携带。那么，要带哪些物品呢？在此我们给大家提供一下，以作为参考：

(1)绷带。主要用于处理一般伤口时，做固定敷料之用，也可以用于处理一般的拉伤、扭伤、静脉曲张等，可固定伤肢以减少肿胀。

(2)消毒药水。介绍几种常用消毒药水的用途：龙胆紫(紫药水)，加快伤口结痂，加快伤口愈合；红汞(红药水)，保护伤口并具有抗菌的作用；酒精和碘酒，用作非黏膜伤口的表面消毒，不可用于破损伤口的消毒；双氧水，用于受污染的黏膜或破损伤口的基本消毒。

(3)洁净的棉花球。用于清洁伤口，使用时蘸透消毒药水。

(4)消毒胶布。通常用来处理面积较小的伤口。贴上胶布前，必须确保伤口周围的皮肤干爽清洁，否则不能贴得牢固。

(5)胶布。用来固定敷料、滚动条绷带或三角绷带。

(6)各种药丸。如康泰克、感冒通、黄连素、牛黄解毒片、必理通、藿香正气丸、胃药等。

(7)其他。眼药水、万花油、止血贴、清凉油、驱风油等。

2. 让孩子知道一些基本的户外生存常识

我们要让孩子知道，进行户外生存训练，安全是最重要的，如果遇到可能存在的危险，一定不要逞能，而应该另寻安全的道路前进。如果实在找不到，就干脆停下来或者退回来。

另外一点，进行户外生存训练，特别是在荒无人烟的地方，有两样东西一定不能少，一是水，一是火。所以，在出发之前，要准备好足够的打火机和防湿火柴，还要知道怎么来寻找水源，而且一定得是干净的水源。具体的寻找水源的方法，有这样几种：

(1)找水源首选之地是山谷底部地区，高山地区寻水，应沿着岩石裂缝去找，干涸河床沙石地带往往会挖到泉眼。

(2)在海岸边，应在最高水线以上挖坑，很可能有一层厚约5厘米的沉滤水浮在密度较大的海水层上。

(3)饮用凹地积水处的水时，必须做到先消毒、沉淀后煮沸饮用。

(4)收集雨水：在地上挖个洞，铺上一层塑料，四周用黏土围住，可以有效地收集雨水。

(5)凝结水：在一段树叶浓密的嫩枝上套一只塑料袋，叶面蒸腾作用会产生凝结水。

(6)跟踪动物、鸟类、昆虫或人类足迹可以找到水源。

(7)植物中取水：竹类等中空植物的节间常存有水，藤本植物往往有可饮用的汁液，棕榈类、仙人掌类植物的果实和茎干都含有丰富的水分。

3. 告诉孩子遇到突发情况该如何应对

俗话说天有不测风云，野外就更是如此。在进行野外活动的时候，可能会遇到突如其来的自然环境的变化，比如山崩、河水暴涨等紧急情况。对此，我们可以告知孩子，可行的办法是先采取露营，不要急于行进。需要提醒的是，要把帐篷搭在避风的地方，而且不要让身体暴露在外，以防身体被淋湿。

假如遇到暴风骤雨，可以尽可能找到一些大块的岩石或者低矮茂密的丛林进行躲避。需要注意的是，千万别在大树下面或者高坡上避雨，因为那样可能会遭到雷击。

此外，在遭遇困境时，还要懂得如何向外界求救。若是发生在白天，可以点燃青草，以产生浓烟，或者大声呼喊，不过要注意保存体力。如果是晚上，也可以点燃可燃烧的柴草等，红红的火光更容易引起别人的注意。

看到打架要远离，不要上前凑热闹

提炼关键词

误伤旁观者　打斗场面　录像　凶杀暴力

安全大讲堂

几乎所有人都知道，好奇是孩子的天性。换句话说，哪里有新鲜事儿，哪里就会吸引他们的目光。其实，不光是孩子，就连大人也存在着好奇心。我们不妨回想一下，当在公共场所或者大街上看到有人吵架，我们是不是也会过去看个究竟？对于好奇心重的孩子来说，这种事情更吸引他们的注意力。

可是，凡是吵架、打斗的场面，当事者都是处在气头上，情绪也都是不平稳的，手上说不定抄起什么家伙就攻击对方。而旁边观看的人，就有可能被击中。为了满足好奇心而受伤是太得不偿失了。

周五的下午，牛牛放学后正背着书包准备回家，刚到自行车车棚就见两名高年级同学吵起架来。受好奇心的驱使，牛牛停下来驻足观看。一会儿之后，牛牛看出了原委：其中一个同学的自行车本来放在外面，可这个同学放学后发现自行车被人挪了地方。而自己原来放自行车的位置，停放的正是和他吵架的这名同学的自行车。于是，那个自行车被挪了的同学就开口骂街。另一个同学说不是自己挪的，让他不要诬赖好人。可是，俩孩子你一言我一语地就干起嘴仗来。

这时候，围观的同学渐渐多了起来，有人上前劝架，也有的同学说："再不停止会被老师知道的，那样可就惨了。"

也许是这句话起了作用，两个同学停了下来。这时候，牛牛也开始推着自行车向校门口走去。出校门后,牛牛被一声:"前面路口,你等着。"的说话声吸引了注意力。原来,那两个同学还不肯罢休,他们这是约在校外的地方继续打架呢!牛牛一看"好戏"还在后头,于是跟在那两个同学身后,准备继续"观战"。

果然,那两个同学在前面的路口停了下来,把自行车往地上一放,便打起架来。除了牛牛,还有从街上路过的人也来凑热闹。也许是见两个人架势太猛,也许人们都喜欢做看客,就这样,没人上前拉架,只是或近或远地观望。渐渐地,两个人越打越凶,除了用四肢,开始寻找地上可以拿起来的小砖头等朝对方打去。又过了一会儿,一个同学居然举起放在地上的自行车,朝另一个同学砸去。

这下可不要紧,那个同学倒是躲开了,而周围看热闹的人却没能躲开,其中就包括牛牛。牛牛的胳膊被砸得很痛,可是又没法找人家算账,只好忍着痛回家去了。

牛牛这个好奇心重的孩子,为了看打架自己受了伤,实在令人惋惜。可是这又能怨谁呢?试想,如果牛牛的父母早一些告诉孩子不要为了满足好奇心而看别人打架斗殴,也许他不会因此受伤。所以说,作为父母,我们务必经常教导孩子,远离打架斗殴的场面,否则可能会给自己带来伤害。

安全指南针

1. 提醒孩子"做一个不打架的好宝宝"

为了避免孩子成为一个"打架王",父母们有必要多给孩子讲讲打架的坏处。比如,在看图画书或者动画片的时候,当看到有打架的场面就要告诉他,打架是不对的,不要模仿他们的动作。同时,还要告诉孩子,处理问题的方式中,打架是最不可取的一种,完全可以采取其他方式来处理。另外,当我们带着孩子遇到打斗场面的时候,一定要赶紧绕开,不要观看。

2. 让孩子知道观看打斗场面的危害

虽说老祖宗教导我们要"动口不动手",可总是有些人喜欢用暴力来解决问题。尤其是一些男性,可能是雄性动物本身所带有的攻击性,导致他们喜欢用打架的方式来分个谁是谁非。对此,我们个人的力量无法做到切实的改变,但我们能够保护我们的孩子不因此受到伤害。为此,我们要叮嘱孩子，观看打斗场面，不但可能会让身体受到伤害，还可能会给心理带来阴影。那样，就得不偿失了。

父母要告诉孩子，当发现身边突然有人打斗起来的时候，一定要尽快躲开，跑到空旷的安全地方去。如果在公共汽车上有人打架，我们要告诉孩子，先抱住头，或用随身带的包挡在头部，尽可能把身子藏到座位后面，以防打斗者伤害到自己。

3. 不要让孩子接触凶杀暴力的影像

在安全意识方面，孩子远远落后于大人。当他们看到打斗场面的时候，可能会联想到电影中出现的情景。在他们的心里，这或许是一种值得自己津津有味观赏的画面。而实际上，他们并不清楚，现实中的情况和影像中的是大不一样的。因此，我们要让孩子牢记，并不是不参与打架就能保证安全，要想真正安全，还需要远离打斗场面。

不要轻易和陌生人说话

提炼关键词

糖果　可疑　应变训练

安全大讲堂

电视剧《不要和陌生人说话》讲的虽是成年人之间的事，但其片名对于任何人来讲都有一定的指导意义。尤其对未成年的孩子来说，就更是如此。

因为孩子辨别能力太低，不像成年人那样禁得住“引诱”，有时候可能别人的一块糖果、一包点心、一个玩具就把他们给引诱了。

这样想来，是不是很可怕？

既然如此，我们就要提早告知孩子，遇到陌生人搭讪，一定要提高警惕，不要对方说什么就信什么，看到势头不妙，赶紧往人多的地方走，以此来保护好自己的人身安全。

一天,上小学五年级的艾艾放学后,独自回家。路过一个小巷的时候,迎面出现了一个三十来岁的女性上前搭讪。该女子和蔼可亲地说道:"小朋友,我想去光华路鸣鼓街,可我不知道怎么走,你能否帮我指指路啊?"

艾艾是个善良又机灵的小姑娘,经常遇到有人问路,但凡她知道的,都会告诉对方。这一次也不例外,但是艾艾只知道光华路在什么位置,并没听说过鸣鼓街。

等艾艾说完光华路的位置后,对方继续温和地说道:"小朋友,你就帮人帮到底,坐我车子,跟我一起去光华路吧,到那里你再指引我一下,我刚来这个城市,对于道路真是一点都不清楚,我都转向了,所以要麻烦你了……"

艾艾一听对方提出要自己上她的车,就觉得有点不对劲儿了。但她知道,如果自己这时候表现得很慌张,说不定会惹怒对方,那样对自己就更不利。所以,艾艾装作平静而客气地说自己的爸爸就把车停在小巷口呢,因为车太大进不来,所以自己要马上赶过去。

说完,艾艾跟那个女士说了声"拜拜"之后,便快步离开了。

故事中的艾艾可谓是个聪明的女孩。而这个女士,用成年人的经验来判断,很可能是个骗子。好在艾艾反应机敏,没有上她的当,逃过一劫。

可是,我们的孩子能够都像艾艾这般机灵吗?

对此,家长们应先从自身行动起来,只要我们告诉孩子一些相关的防范措施,我们的孩子在遇到此类情况时,也能够像艾艾这样谨慎地和陌生人说话,不轻易相信他们。

安全指南针

1. 允许孩子说"不"

为了让孩子从小敢于表达自己的意见,父母要避免经常替孩子说话。因为这样会剥夺孩子练习其在成长过程中所必需的重要技能的机会:敢于表达自己的意见。为此,在陪伴孩子成长的过程中,我们应多找机会让孩子练习用坚定的语气表达自己的意愿,以此来保护自己。

(1)允许孩子向成年人说"不"。有研究表明,如果父母从小就教育孩子"要乖,要听大人的话",那么9岁以下的孩子在面对"性罪犯"的时候,很少敢于说"不"。其实,我们应该让孩子知道,如果觉得不对头,比如有人要触摸他们的私处，那么孩子就可以拒绝对方的要求。如果有必要，孩子还可以大声呼救。

(2)告诉孩子如何拨打110。孩子3岁后开始，父母要让他学着记录父母的姓名、电话和家庭住址，并不断地重复，直到孩子记得滚瓜烂熟。同时，父母还要在家庭电话中设置110快速拨出键，并教给孩子在紧急情况下如何拨打110求助。

(3)对孩子进行应变训练。父母要告诉孩子，当遇到陌生人纠缠的时候，要尽量逃走，但不要一个人去偏僻的地方。如果身上带着东西，不要顾及东西，如果妨碍自己奔跑，就将东西丢掉，并大声喊叫。我们还要告诉孩子，在危险情况出现的时候，如果有可能，是可以还击的；为了保护自己的安全而伤害了坏人，爸爸妈妈是不会责怪他的。

2. 教孩子懂得怎样认识成年人可疑的行为

不少父母在教育孩子的时候，常会说"陌生人可怕"来吓唬孩子。其实，对孩子进行如何辨别可疑行为的教育，比这种吓唬策略好多了。为此，父母可以在日常生活中不停地提醒孩子，和孩子探讨这些情形，并让孩子熟知如果碰到这种情况，应该采用的应变方式。

(1)当有人向孩子寻求帮助时，比如"麻烦你帮我找我的孩子，你可以帮帮我吗？""你帮我找找我的小狗，好吗？"告诉孩子，不管什么原因，大人都没必要向孩子求救的。所以，当出现这种情况时，是很可疑的。

(2)当有人给孩子喜欢的糖果或者礼物时，比如"你想要吃糖吗？""我的车上有一个奥特曼，你要吗？"等。

(3)当有人佯装有紧急情况时，比如"快点！你妈妈出事故了，我赶紧带你去医院。"

(4)当有人伪装成其他孩子的父母时，比如"你就是打我儿子的那个孩子啊！快跟我来，我要去找你的父母！"

(5)假装成公务人员，比如"我是警察，这是我的徽章，你必须立刻跟我来一趟。"

(6)当有人说自己是父母的朋友时，比如"我是你爸爸的一个老朋友，今天他加班，让我来接你，你带我去你家吧！"

(7)当有人让孩子保守"秘密"时，比如"这件事一定不要告诉你的父母，否则我就……"

(8)当有人询问孩子的个人信息时，比如"你家的地址是什么？如果你告诉我的话，我会送你一个玩具。""你把你父母的电话告诉我，我和他们取得联系。"我们一定要告诉孩子，不要向陌生人透露个人信息，比如姓名、家庭住址、电话、学校等。

3. 排练情景剧，学会应对陌生人的安全技巧

父母可以用情景剧的方式，让孩子演示各种情况，一遍一遍地进行练习，直到孩子完全掌握这种安全技能。

当外出的时候，父母也可以指着停在路边的车子，问孩子"如果有人让你上车去拿你喜欢的游戏机，你会去吗？"等实地演习来增强孩子的自我保护意识。

家庭隐私保护好，随意泄露很不妙

提炼关键词

晒幸福　隐私　泄露　个人资料

安全大讲堂

在新浪微博里，有一条微博转发量特别大。这是一位人民警察发的微博，他提醒广大"晒幸福"的父母，不要在网络上放孩子的照片，也不要透露家庭的住址、孩子的学校，等等。否则，有可能引起不法分子的注意，他们会通过这些信息了解其家庭的相关情况，然后找时机作案。

成年人尚且需要保护隐私，那么"童言无忌"的孩子就更需要注意这一点。因为孩子普遍缺乏隐私意识，说不定什么时候就说漏了嘴。这就需要父母们在平时多和孩子交流，直接跟孩子讲清楚哪些事可以让别人知道，哪些事只能让爸爸妈妈知道。让孩子明白，有可能因为自己的几句话，就会给自己和家庭带来灾难。同时，父母还要做到不随便议论别人的事情，营造保护别人隐私的氛围及养成保护隐私的好习惯。

小雨是个活泼开朗、爱说爱笑的小男孩。因为他的这一性格特点，很受周围人的欢迎和喜爱。但同样是因为他的这一性格特点，差点给他及全家带来灾难。

去年秋季的一天，小雨和妈妈一起去一家高档建材城，准备买新房子装修需要的一些材料。妈妈把车停好后，小雨从车子后座走下来，欢蹦乱跳地和妈妈说着话："妈妈，你的车子没有爸爸的奔驰舒服，爸爸说等房子装修好后，他会给你也买一辆'小奔'……对了，妈妈，你后备箱里还有爸爸刚从国外给奶奶带回来的首饰呢。我们逛完建材城就给她送去好不好？我好想奶奶哦，奶奶一个人生活，她一定很孤单，肯定也想我了……"

没想到，小雨的话被旁边一个窃贼听到了，这个人是专门在高档消费场所观察前来消费的人，通过观看、偷听来获取别人的私人信息，然后趁机作案。

原本，这个窃贼是想盗取小雨妈妈车子后备箱的首饰的，但当他听到小雨说奶奶一个人生活后，觉得这应该是更值得钓的"大鱼"。就这样，窃贼等待小雨和妈妈从建材城出来，一路开车尾随他们来到小雨的奶奶家。

因为窃贼很会"演戏"，所以并没有引起小雨和妈妈的注意。窃贼跟着他们一路上楼，当他们拐向电梯一侧的时候，窃贼停在电梯走廊偷偷观看小雨奶奶家的具体房间号。就这样，便摸清了底细，为他接下来的作案"趟"好了路。

窃贼离开小雨奶奶家后，又装模作样地在小区里蹓跶，继续观察地形及其他情况。

一星期后，窃贼在掌握了详细的情况后，开始实施作案。最终盗取了小雨奶奶家很多值钱的东西。

不过值得庆幸的是，很快警方破了案，将窃贼抓获了，窃贼盗走的东西还没来得及销赃，小雨奶奶丢失的财物也都找了回来。

虽然最终没有损失财物，但其间的过程也够让人郁闷的。可能谁也想不到，造成这次被盗事件的根本原因，就在于小雨的"口无遮拦"，将家庭隐私无意中泄露了出去。

试想，如果小雨的父母早一些告诉孩子注意保护家庭隐私，不要在公共场所随意说话，那么也就不会有此次事件发生了。

安全指南针

1. 避免在陌生人面前泄露关于家庭的信息

由于缺乏隐私意识，不管在什么场合，只要自己知道的、了解的，孩子就恨不得一股脑都说出来。殊不知，这可能会成为一些坏人获取信息的途径。他们会从孩子话语里得到的信息，对其家庭进行盗窃、诈骗等行为。所以，父母们要提早让孩子知道，在陌生人面前，应避免说家里的一些情况；当有人对自己刨根问底关于自己和家里的一些信息的时候，也要"一问三不知"。

2. 凡是泄露家庭信息的问卷调查，一概不理会

大街上、商场里经常有一些问卷调查。其中有一些是商家的正常经营手段，但有一些却是以此作为诱饵，来套取私人信息的。如果孩子给予配合，填写了家庭成员、职业信息、家庭住址及电话等，那么就可能为不法分子带来可乘之机。所以，我们要告诉孩子，对于这些调查问卷，一定要谨慎，最好不予理会，躲开就是了。

3. 不要在网络上随意填写个人资料

虽说网络给我们的生活带来了极大的便利，但网络诈骗等一些违法行为也时常会出现。造成这种情况的原因，有一些是因为当事者随意填写个人信息导致的。因此，我们应该嘱咐孩子，在一些需要注册个人信息的网站，填写资料时一定要注意，能填写假的最好填写假的，能不填写最好不要填写。

PART 4

安全工作做全面，校园安全也马虎不得

——培养孩子的校园安全意识

美丽的校园我的家。然而这个“家”里也时常充满危险，如果不加强防范，很有可能遭受伤害。除了社会、学校及老师能够为孩子创造安全的校园环境外，家长的作用也不容小觑。父母们要积极行动起来，帮助孩子安全、顺利地过好校园生活。

体育运动，要前“热”后“冷”

提炼关键词

热身　冷身　筋腱　灵活

安全大讲堂

如果说学习文化知识是孩子们上学的“主餐”的话，那么体育活动就是饭后的“甜点”。体育运动让孩子们感受运动本身带来的乐趣，不管是心理还是身体，都会因此而愉悦起来。

可是，运动虽好，但如果不注意，可能会对身体造成伤害！且不说运动过程中的冲撞、摔跤等，单就具有普遍性的“热身”和“冷身”而言就有很多的学问，需要家长们提醒孩子多加注意。

下课铃声响起后，朗朗飞快地跑出教室，奔向操场。因为在一节枯燥的政治课后，马上要迎来的是让朗朗喜欢的体育课了。这节体育课的主要活动项目为单双杠练习，而这也是朗朗非常喜欢的一项运动。

朗朗一路小跑来到了运动场，直接伸开手臂，跃上了一个双杠。在双杠上，朗朗简直如鱼得水，玩得潇洒自如。十分钟后，体育课正式开始了。全班同学悉数到场，体育委员开始点名。这时候，大家忽然发现，不远处的朗朗一瘸一拐地走过来了。体育老师发现了，赶紧询问朗朗怎么回事？

朗朗说：“刚才我玩双杠，一不小心摔下来了，腿好痛……”几个男同学赶紧上前扶着朗朗，由老师带领着去往附近的医院。

经医生检查，朗朗左腿韧带拉伤，脚踝部软组织错位。此时，体育老师问朗朗，是不是没有热身就去玩双杠了？朗朗点点头。

医生也认为，老师的猜测有道理，朗朗受伤很可能是和运动前没热身有关系。朗朗这才意识到自己的错误，后悔没有听体育老师一直强调的“运动前要热身”的告诫。

为确保安全，一般在运动前，我们都要先做一段热身运动，热身运动有两个主要目的：一是可以使心跳略微加快一些；一是轻微活动后，运动起来会使筋腱更灵活，因为它提高了体温并增加了关节活动范围，从而可避免关节、韧带和肌肉拉伤。朗朗这次受伤正是"吃了"没热身的亏。

除了运动前的热身之外，运动后的"冷身"也比较关键。这是因为，运动能够加速血液循环，在运动结束后进行一些慢节奏的简单运动，可以使身体有一个逐渐适应的过程，以免血压过快下降而影响身体健康。

为此，父母们要多提醒孩子，注意运动前的热身和运动后的冷身，一定不要像朗朗那样冒冒失失地就投入到体育活动之中，否则受了伤可就悔之莫及了。

安全指南针

1. 让孩子知道为什么要热身和冷身

之所以要热身和冷身，主要是为了让身体经过一个适应的过程。运动前热身是为了逐渐提高脉搏的跳动频率，使肌肉、筋腱更为灵活。运动后的冷身则是为了使脉搏的高速跳动频率减缓，使大量的血液返回心脏从而避免其滞留在腿部。如果不这样做，可能会造成拉伤、恶心、呕吐等症状。所以，我们很有必要让孩子知道热身和冷身的重要性。

2. 需要多长时间来热身和冷身呢

一般来说，身体需要持续约 3 分钟才能意识到它不再需要把更多的血液供应给肌肉。业内人士认为，安全的放松时间至少 3 分钟，能坚持四五分钟当然更好。

3. 提醒孩子饮食后不要马上活动

饭后是不可以马上运动的，否则会刺激肠胃或者造成体内血液分配失调，不但损伤身体，而且运动效果也会受到影响。一般来说，吃东西后 30 ~60 分钟内应注意避免运动。关于这一点，父母们也同样需要多和孩子强调一下。

4. "热身"和"冷身"的常见方式

热身的常见方式：

(1)肩部环绕练习。身体直立，双腿分开与肩同宽，两手臂自然下垂，同时腹部用力收紧，双肩利用肩背肌群力量向后环绕 10 次，再向前环绕 10 次。单肩(左右交替)向后环绕、向前环绕各 10 次。

(2)摆胯及绕胯练习。身体直立，双腿分开比肩略宽一点，双腿微微屈一点，将手放在胯骨上。让上身保持正直状态，利用腰胯力量使胯部左右摆动各10次，同时注意腹部收紧。接下来，再顺时针、逆时针环绕各10圈。

(3)扭膝旋转练习。双腿并拢，屈膝半蹲，双手扶住膝盖，并轻转动膝部，可以先从左至右转动，再从右至左转动，各自转动或交替转动10～15次。

(4)脚尖环绕练习。身体直立，抬起右脚离地15cm左右，脚跟固定脚尖画圈，顺时针、逆时针各10圈。而后换左脚。

冷身的常见方式：

(1)缓慢地踱步或者缓慢地跑。对于运动过的人来说，在运动后进行缓慢的踱步或者跑都是积极性休息，可以使之呼吸恢复舒畅，使肌肉保持较好的伸展性和弹性，更有利于肌肉的放松。

(2)牵伸肌肉。牵伸一下肌肉，能够使肌肉尽快得到放松，从而防止和缓解延迟性肌肉酸痛，还有利于加速消除骨骼肌疲劳。需要提醒的是，牵伸练习主要以静力牵伸为主，一开始的时候伸张幅度不要太大，在不断牵伸的过程中，当感到肌肉放松后，再逐步加大伸张幅度。至于时间的长短，可根据运动强度的大小而定，一般牵伸一分钟左右，然后间隔一分钟，再重复两三次即可。在牵伸之后，再进行适当的揉捏、抖动，会有利于将牵伸带来的不适感消除掉。

课间活动，那些需要注意的问题

提炼关键词

危险游戏　尖锐　冲撞

安全大讲堂

为了孩子们能够适度放松身心，两节课之间都会有10～20分钟的休息时间，我们称之为课间。在这较短的时间里，活泼好动的孩子们大多会离开座位，在教室里或者去教室外活动身体，放松身心。

然而在这个过程中，同样会存在一些危险因素，比如孩子们之间的冲撞、课桌椅的磕碰以及孩子们之间的打斗，等等，都可能会给孩子的身体造成或轻或重的伤害。

具体说来，孩子在课间活动中容易造成的伤害有下面几种：

第一是拥挤踩踏伤害。这种伤害主要发生在教室门口或者楼道。上下课的时候，会有大量的学生聚集到教室门口和楼道，孩子们安全防范意识又差，所以难免会出现拥挤。万一哪个孩子失足跌倒，踩踏就可能发生，严重的可造成人身伤害，甚至危及生命。

第二是追逐打闹伤害。孩子们精力旺盛，喜欢运动，尤其是一些男孩子，常常会满教学楼地追逐打闹。在这一过程中，前面的孩子常常会回头看，这样一边跑一边看很容易发生危险。

第三是危险游戏伤害。有一些游戏本身就含有危险因素，特别是一些持械游戏，器械很容易对人造成伤害；再就是游戏的地点不是宽阔的室外，而是走廊或者教室，这些地方来往的人较多，所以很容易伤到他人和玩游戏的孩子自己。

因此，父母们要经常提醒孩子，积极投入到课间活动中没有错，但是一定要注意安全。

上海市某小学一个叫亮亮的小男孩就曾因课间活动不慎而让手指受了伤。

那一天课间，爱跑爱闹的亮亮和几个男同学一起追逐打闹着玩。当时室外在下雨，他们不方便出去，就把教室和走廊当成了活动场地。

男孩子似乎总有消耗不完的劲儿，他们在大课间的20分钟时间里一直不停地追逐、打闹。

就在上课铃声敲响的那一刻，他们才不得不"鸣金收兵"，快速往各自的座位上跑去。可是，危险却在这一刻发生了。正当亮亮跑向教室门口的时候，由于跑得太快脚底没站稳，差点滑倒。亮亮赶紧伸手扶住了门框，才没摔倒。

然而，这也正是危险的开始。跑在亮亮前面刚参与追逐打闹过的同学超超以非常大的力气甩了一下教室的门。就在亮亮把手伸到门框上的刹那，超超用力推出的门正好要关上。一瞬间的工夫，亮亮的手指就被门夹了个结结实实，几根手指顿时变得青紫。亮亮疼得直嚷着说："手断了，手断了。"

同学们赶紧扶着亮亮坐下，并连忙报告了老师。老师带着亮亮去了校医务室及时进行了处理。最终，亮亮的手在修养一段时间之后恢复了。从那以后，亮亮再也不在课间乱跑乱闹了，而推门的同学超超也深深意识到了自己的错误。同学们也都从中汲取了教训。

孩子们在课间那短短的十几分钟时间里，可以消除学习的疲劳，使身心得以放松。而课间的活动由于不太集中，所以即使有值班的老师也不可能对每一个孩子都看管到位。那么，为了孩子不在课间活动时遭受伤害，还需要家长多下点功夫，对孩子进行相关的安全教育，培养孩子安全活动的意识和能力。

安全指南针

1. 孩子课间活动时的安全注意事项

(1)上下课的时候，在经过过道和楼梯的时候，不要拥挤、打闹和做恶作剧，以防止拥挤踩踏事故的发生。

(2)在课间玩耍时，不要拿小刀、仿真枪等有伤害性的玩具，严禁带学校规定不允许带的玩具和工具。

(3)课间运动不要太剧烈，不要追逐打闹，避免撞伤或摔伤，要做到文明休息，保持课堂精力旺盛。

(4)如果在操场玩耍，要正确使用体育设施，只有在保护措施得当的情况下，才可以玩一些有一定危险动作的游戏，比如秋千、双杠、滑梯等。

(5)在课间休息时，未经老师允许，一定不要私自外出。如果要生病打针等，必须经过班主任老师的同意，家长来接才可以出去。

(6)上厕所的时候不要拥挤，要防止因地面湿滑摔伤和出现拥挤踩踏事故。

(7)在课间活动时，要避免和同学发生纠纷，有什么问题和矛盾要及时告知班主任或者任课老师，将矛盾化解在萌芽状态，防止矛盾激化而发生打架斗殴事故，造成不良后果。

2. 室内活动需要注意的事项

(1)防止磕碰。现在,教室的空间大多比较狭小,除了座椅板凳、讲台之外,几乎没有多少空间可以用来玩耍。所以,我们要提醒孩子最好不要在教室追逐、打闹,那样会比较容易磕碰而受伤。

(2)防滑、防摔。在上下楼梯的时候,要靠右边,防止和相向而来的同学撞上,发生矛盾或危险。

(3)防止从高处坠落。在教学楼中上课的孩子,不要将身体探出阳台,也不要扒着窗口向外探看,以防不慎坠楼。

(4)防止挤压。教室的门和窗户在开关的时候容易夹手,孩子们需要格外小心。

(5)预防火灾。家长要嘱咐孩子,不要带打火机、火柴等去学校,更不要在学校里随便玩火。

(6)防止意外伤害。我们知道,诸如锥、刀、剪等锋利、尖锐的工具,还有图钉、大头针等文具,都有可能成为伤害孩子的利器。所以,我们要叮嘱孩子,在用完这些东西后应妥善存放,尽量不随身携带,也不要随便放在桌子上、椅子上,以防意外伤害。

身体很珍贵,他人侵犯不得

提炼关键词

侵犯　难以弥合　敢于拒绝

安全大讲堂

9 岁的女孩找洗手间,妈妈在大厦门口等着她,一名保安员看到后尾随女孩进入洗手间实施了猥亵行为。

一个刚刚 5 岁的小女孩,妈妈在院子里洗衣服,小女孩跑到邻居家玩耍,由于夏天穿得少,邻居家的男人产生冲动对女孩进行了性侵犯。

类似的案例让我们这些做父母的触目惊心，深恶痛绝。北京市某检察院曾对过去三年来该院受理过的24起猥亵儿童案件进行汇总，虽然这些案件的被告人已经被判处刑罚，但是孩子及父母的心理上所受的伤害却难以弥合。

我们知道，孩子娇嫩的身体和对这个世界懵懂的认识，使得他们对于成年人的世界根本无法掌控，因此就更易遭受伤害。

两年前的一天，某县有群众向媒体报料称，该县年届五旬的一位张姓男子因涉嫌猥亵幼女被警方留置。

受害的女孩叫玲玲，12岁，在该县某小学就读。玲玲有个哥哥，名叫强强，比玲玲大3岁，在该县读初中。他们的妈妈在离县城不远的一个村子里租了两间平房，玲玲和妈妈住一间，哥哥强强住一间。

据强强描述，之前的一天晚上，妈妈有事不在家，妹妹胆子小，就和他睡在了一个房间里。第二天早上，他有事需要外出，妹妹当时还在睡觉。大概半个小时后，强强回家发现门被插上插销了，他敲了好长时间才开门。

强强进屋后，发现妹妹躺在被窝里，神情很惶恐。强强感到担心，忙问妹妹发生什么事了。这时候，强强听到床下传出窸窸窣窣的声音，他一看，居然是邻居家的男主人。该男子慌忙从床下爬出，并对强强说是来找房东借三轮车的，说完就慌张地逃走了。

随后，强强从妹妹口中得知，该男子对她进行了猥亵。之后，强强叫来房东反映此事，并电话告知了妈妈。接着，玲玲和她的哥哥、妈妈向警方报警，那位猥亵她的男子随后被警方带走接受调查。

小小年纪的玲玲遭受侵犯，实在令人愤怒。然而，类似的事例却总是时常通过网络、电视等媒体传入我们的眼睛里和耳朵中。那些心怀歹意的人频频将魔爪伸向幼年的孩子，使孩子饱受痛苦，也使家长们忧心忡忡。如果能够将这些魔爪遏制住，很多悲剧可能都不会发生了。因此，从根本上教会孩子保护好自己的隐私，不让他人侵犯自己的身体，是重中之重。

安全指南针

1. 从小给孩子灌输不让他人碰自己身体的观念

在孩子能够听懂一些简单的话之后，父母就可以适当地告诉孩子一些这样的内容:别人不能随便触摸你的身体,你也不能随便触摸别人的身体。同时,告诉孩子他们的"安全区域",被裤衩、背心盖着的地方决不能被别人摸。

一旦孩子受过这样的教育,那么他就会形成较强的自我保护意识,从而避免遭受被坏人猥亵的事情。

2. 告诉孩子如果自己不愿意,没有人可以亲他或抱他

父母给孩子拥抱,可以给他带来温暖和爱的感觉。但我们要和孩子说清楚,除了爸爸妈妈及特别亲近的家人,在外面不要让别人随便抱自己、亲自己。让他知道,只要他不同意,谁都不可以抱他或者亲他。

如果父母跟孩子说,别人做这些亲昵的动作是因为喜欢他,那就大错特错了。因为孩子会在不知不觉中丧失自我保护意识,到时候发生危险就晚了。

3. 让孩子敢于向比自己年龄大的人勇敢说"不"

侵犯年幼的孩子的,基本都是比孩子年长的人,有的是高年级的学生,有的是老师、教练、辅导员,等等。但我们必须让孩子知道,不管是谁,只要做令自己不愉快的事,自己都可以拒绝。当然,最好是婉拒,找个借口趁机溜走,因为严厉拒绝的话,可能会让坏人产生强烈的报复心理,对孩子更加不利。

4. 需要让孩子记住的其他内容

(1)不管是谁,包括家人在内,都不可以随便看或者摸你的隐私部位。

(2)如果医生要检查你的隐私部位,一定要在爸爸妈妈的陪伴下才行。

(3)如果有人摸了你的隐私部位,要立即告诉爸爸妈妈,爸爸妈妈会想办法帮助你。

(4)他人的隐私部位,你也不可以随便看或者摸,要懂得尊重别人。

坚决不为性侵犯者做"掩护"

提炼关键词

性教育　网友　揭发　咸猪手

安全大讲堂

由于受传统观念的影响，很多父母对于孩子遭受性侵犯持掩盖态度，惨烈的伤痛由自己和孩子来承受，而不敢去向侵犯者讨说法，也不敢去报告公安机关将坏人绳之以法。

这样一来，就给了侵犯者逍遥法外的机会，他们甚至会因此而有恃无恐，对某个特别“老实”的孩子屡屡侵犯。

无疑，这种情况是每个父母都不希望发生的。可是要想更大限度地制止此种情况的发生，我们还是要从自身做起，给孩子良好的性教育。这样才能让孩子懂得保护好自己的身体不受侵害，即使万一受了坏人侵害，也一定要大胆揭发，而不是因为感到羞耻不敢揭发。

要让孩子做到这一点，父母得先要从自身入手。多给孩子一些引导和教育，让孩子在拥有健康心理的基础上，不出于任何原因来“掩护”侵犯者，无论何种情况，都要敢于揭发，让他们受到法律的制裁。

璇璇是某小学四年级的女生，长得漂亮又文静，学习方面也很出色。前些天，教授他们数学课的王老师因为家里有事，请假一个多月，学校临时聘请了一位外校的老师。这位老师姓刘，暂时给璇璇他们的班级代课。

谁知，这位其貌不扬的代课老师竟然是一个禽兽不如的家伙。他利用工作之便，经常找班上长得漂亮的女生来他的办公室，美其名曰是让大家帮他检查同学们的作业。

起初，这位刘老师会用一点零食拉拢孩子们。后来，他开始趁着某个女生正在看作业的时候，伸出他的“咸猪手”，抚摸女生的后背、胸部等部位。

被他侵犯过的女生已经有好几个了，可是大家都不敢声张，一是怕影响自己的声誉，二是怕得罪老师，到时候更有自己好看的。

可是，她们哪里想得到，正是她们的“纵容”，让这位衣冠禽兽越来越大胆，直到有一次，他将璇璇叫到办公室“检查”作业，趁机强行扒掉璇璇的裤子。

这时候，璇璇惊呆了。她没想到平时文静儒雅的刘老师竟然是这样一个恶魔。

璇璇慌乱之中本能地进行反抗，抓起刘老师的手就狠狠地咬了下去，疼得他嗷嗷直叫。借着这个机会，璇璇拎起裤子，赶紧离开了这个衣冠禽兽的办公室。

璇璇急忙跑到没人的地方，将裤子穿好。她想，不能就这么放过那个刘老师，要彻底曝光他的恶行。可是此时，璇璇能做的，也只有告诉妈妈。想到这里，她赶紧拿起了随身携带的手机，拨通了妈妈的电话……

后来，校方和公安机关对刘老师进行了审查和处罚。从此，校园里，又重新恢复了曾经的安宁。

孩子身体和心灵的安全和健康是每个家庭的重中之重，也是每个父母都要高度重视的问题。在坏人的侵犯面前，如果家长和孩子都不敢站出来说话，而是忍气吞声的话，虽然表面上看是维护了孩子的名誉，可实际上却依然伤害了孩子的心灵，而且这种伤害的阴影会伴随孩子很久，甚至是一生。那么，作为父母该如何教育孩子，让孩子能够安全而快乐地度过他们的少年时代呢?

安全指南针

1. 给孩子良好的性教育

随着孩子年龄的增长，他们的生理变化也会带来性心理的萌芽。对于这一状态，父母首先要正视孩子的性心理发育，并抓住时机适当地对孩子进行教育，而不要因为羞于启齿、认为孩子长大后自然会懂等理由而回避。其实，性教育越早开始越好。性教育开始得越早，性行为就会越延迟，安全系数也会提高。也可以说，只有让孩子走出性启蒙的误区，才可以大大减少他们成人之后的性犯罪、性心理障碍的发生率。

2. 用科学的名词向孩子介绍性知识

在给孩子讲解性知识的过程中，父母尽量应用科学名词，并告诉孩子如何保护自己的生殖器。当孩子有性方面的问题提出来时，父母的回答不要超过孩子的好奇范围和理解能力，而应就具体问题回答，不要过深过细，应当通俗易懂，充满自信。

3. 告诉孩子不要随意见网友

另外，随着网络的发达，很多孩子喜欢上网，与网友聊天。此时父母也多了一项任务，就是要告诫孩子不要去见网友，非见不可的话，要说明实情征求爸妈的同意，最好由爸爸或妈妈陪同，避免不必要的事情发生。

4. 面对侵犯，拿起武器

一些孩子在遭到性侵犯之后，就和上面事例中的一些女孩一样，不敢声张。有一些父母即使知道了，也会帮着孩子隐藏受侵犯的事。却不知这样只会助长侵犯者的气焰，而让受害者承受更大的压力。正确的做法是，像事例中的璇璇那样，不害怕，不妥协，寻找机会逃脱，然后告诉家长、老师，上报公安机关，维护自己的人身权利。

面对暴力，教孩子勇敢说“不”

提炼关键词

私人恩怨　挑衅　强悍　震慑

安全大讲堂

五彩缤纷的校园，天真烂漫的孩子，本该是一个充满阳光与祥和的所在，但却因为校园暴力的存在给这块美好的地方抹上了一层阴影。

导致校园暴力的因素有很多，比如“私人恩怨”、“三角恋”、“欺软怕硬”等挑衅行为。校园暴力一般包含下面几种特征：学生暴力、老师暴力、校外暴力。学生暴力指的是学生与学生之间发生的肢体冲突或言语冲突超过了正常范围的接触；老师暴力指的是老师对学生进行谩骂侮辱、殴打等行为；校外暴力指的是社会青年与在校生进行寻衅滋事、打架斗殴等行为。

校园暴力不仅发生在男孩身上，近几年来，女学生们在校园也频频发生暴力事件，令人触目惊心。

据媒体报道，南方某小城曾发生一起6名初中女生围殴同学的事件，并有45分钟的自拍视频。报道中称，当地某校初二女生小晶被6名女同学拉进巷子，殴打了近45分钟。旁边还有男生用DV拍录，之后被上传到网吧的局域网上。视频上，6名女孩不停地嬉笑，甚至对着镜头做鬼脸。

在这段视频中，有一个名叫小梨的女孩，拿着鞋子冲着小晶的头部拍打。旁边的两个女孩则一边笑一边数着拍子，至少打了上百下。一名叫小芸的女孩还按住小晶肩膀，顶着她的肚子使劲踹，十几秒后，把头扭过来冲着镜头笑着说"腿上好疼"。

据小晶回忆，她们打完自己之后，有人还说："我们把你打得这么惨，你去向老师告状，我们得赔好多钱，你赚大了！"

记者随后了解到，女孩们自带了拍摄用的DV，她们特意找了一个男生来帮忙拍摄。这几个女孩原本想去公园玩，没想到遇到之前有过矛盾的女孩小晶，于是就趁机殴打了她。事后，一男同学就把视频存在了网吧的电影平台上，很多人都看到了该视频。另据了解，类似的事情并非第一次，小芸、小梨等人也被人打过。至于打人理由，简单得不能再简单，就是"看她不顺眼"。

这样的行为，这样的理由，实在让父母们感到无比揪心。孩子们这是怎么了？我们的孩子能够安全、顺利地度过校园时光吗？

或许很多父母都会从心底发出这样的疑问。的确，我们都希望自己的孩子平平安安，既不要遭受暴力，也不要对他人施以暴力。

那么，为了我们的孩子能有一个安全的校园环境，我们应该积极行动起来，多给孩子一些相关的指导和建议，让孩子远离校园暴力。

安全指南针

1. 父母需要帮助孩子掌握的几个方面

(1)孩子穿戴和学习用品等方面要尽量低调，即使富有也不要在这些方面过于招摇。

(2)告诉孩子，对于比较霸道和强悍的同学、同伴不要去招惹；不要主动和同学发生冲突，一旦发生要及时找老师来处理。

(3)让孩子上下学不要独自行走，要么大人接送，要么和同学结伴而行；独自出去找同学玩的时候，不要去僻静、人少的地方；放学路上不要贪玩，要按时回家。

2. 不要理会口头上或者网络上的侵犯者

有些人会通过网络或者语言来对孩子进行侵犯。对此，我们要让孩子不要为之所动，不去理会是最好的办法。因为很多时候，当侵犯者得不到回应的情况下，他们就主动失去兴趣了，事情也就不了了之。如果对方还继续进行同样的行为，那么就让孩子告诉侵犯者，他给自己带来的感受是什么，并要求他停止他的粗暴行为。

3. 告诉孩子一旦遭受校园暴力后该怎么做

让孩子知道，一旦遇到校园暴力，先应该大声警告对方他的所作所为是违法违纪的，是要为此付出法律制裁的代价的。让孩子这样做，是为了大声告诉周围的老师、同学关注侵犯者的行为，同时也会因此而让本来就知道自己行为不对的侵犯者心虚，因为洪亮的声音是可以起到震慑作用的。

假如对方未曾悔改，还继续进行侵犯行为，那么孩子就要适当自卫，而不要忍受挨打。当然，自卫的原则并不是以暴制暴打回去，而是同样起一个震慑作用，用行动让对方知道自己不是软弱可欺的。假如侵犯者还没停止攻击，就要在自卫的同时大声呼救，并寻找机会逃走。无论什么情况，都要让孩子记住，保护好自己的人身安全是最重要的。

让孩子警惕"保护费"下的伤害

提炼关键词

挥霍　缓兵之计　邪不压正

安全大讲堂

所谓"校园保护费"，是指在校园中一些高年级的同学，仗着暴力方式对低年级同学进行威胁，逼迫其定期、不定期地交纳一定数量的财物，供自己挥霍。

这种情况虽然不具有普遍性，但却在很多校园里都存在过或存在着。一位校长表示，社会价值取向的多元化，也直接反映在孩子身上。但孩子们分辨是非的能力较弱，孩子中存在以强凌弱、以大欺小的现象，进而引发收取"保护费"这样的违法犯罪行为，给原本一片净土的校园蒙上一层阴影。

在我国南方某地一所学校里，就曾出现过一个以收取"校园保护费"为名，劫掠过上百名学生钱财的抢劫团伙。最终这个团伙落入法网。

这一团伙被破获之后，让人吃惊的是，除了主犯外，其他成员全部是十几岁的学生，最小的才11岁。在两年时间内，他们分片包干，向中小学生收取保护费，非法敛财高达近两万元。

据该校校长介绍，学校位于城乡结合部，学生来自各个地区。早在该案件破获之前，就知道有人在孩子上学、下学的路上，收取5元、10元甚至50元的保护费。有一些高年级的"大哥"做这里面的小头目，对其他"兄弟"和收敛来的钱财进行管理、分派等。

一位老师透露，他曾发现一名学生在上课时走神很严重，就询问孩子，结果孩子泪流不止。老师经过一番耐心询问才得知，这个孩子就被别人勒索过"保护费"，而且还受到了威胁，如果他把这件事告诉老师和家长，对方就会殴打他。

有类似遭遇的还有一名叫东晓的女孩。东晓在一个小县城读小学四年级。由于学校离家近，父母工作又忙，所以平时都是自己上下学。

有一天，东晓却坚持要求妈妈送她去上学。妈妈发现情况不对，就问东晓为什么突然提出要妈妈送她去学校。一开始，东晓就是不肯开口说出原因。后来，在妈妈的谆谆教导下，才说了出来。原来，在她上学的路上，有两个高年级男孩向她索要"保护费"，她迫于无奈给了他们两次。但他们的胃口越来越大，索要的数额也越来越大，从一开始的5元、10元上升到了20元，甚至50元。他们还威胁东晓，如果告诉家长和老师，他们就会狠狠地揍她。

在他们的威胁之下，东晓感到害怕，所以不敢将此事向老师和家长反映。可是，这样持续了两个多月，在被勒索了将近10次之后，东晓越来越感到害怕，她意识到，再这样下去不是办法，必须告诉父母。

就这样，东晓的妈妈才知道女儿被索要"保护费"的事。随后，妈妈将这一情况反映给了学校领导，校领导非常重视，他们一起把此事向公安机关报案。最终，那两个索要"保护费"的孩子遭到了应有的处罚。

小小年纪就有如此不义之举，实在令父母们深感可悲。可是，我们无力改变这样的事实，我们能做的，也只有教育自己的孩子在面对别人收取"保护费"时应如何应对。只有孩子学会对付不法分子的方法，才是对自己最好的保护。

安全指南针

1. 保持冷静，巧用“缓兵之计”

平时父母要多教导孩子，遇到被人勒索时，一定要保持冷静，别被那些气势汹汹的大孩子吓得心颤腿抖。同时，还要学会和他们周旋，切忌以暴制暴。可以让孩子跟勒索者说：“今天我身上没带着钱，如果带着我会给你们的，你可以跟我回家拿去。”这样做，是为了防止对方恼羞成怒弄伤孩子。父母还可以让孩子告诉勒索者，先在原地等待，自己马上向同学去借钱。

其实，这样做的目的是让孩子趁机逃脱。如果孩子一时不能脱身的话，那么要让他学会尽量拖延时间，当发现大人或者老师从身边经过的时候赶紧大声呼救，从而吓跑勒索者。

2. 让孩子知道邪不压正

有一部分家长对于校园里的暴力行为，看得过于简单。当自己孩子受伤害后，一些家长会持容忍的态度，只教育自己的孩子少惹是非。其实，家长的这种态度是会助长校园暴力的蔓延的。正确的做法应该是，告诉孩子邪不压正，坏人总是要被绳之以法的。不管对方对你有过什么威胁，都要尽快告诉家长或者老师。大人会帮助他们。

3. 不要让孩子在外面摆阔

勒索者也会根据孩子平时表现出来的样子而选择“下手”的对象。那些衣着华丽、用高档品的孩子，或者经常爱炫耀自己家有钱的孩子，最容易成为不良少年勒索的对象。为此，父母要告诉孩子，别在同学面前摆阔，衣着、用品都要“低调”一些，这样不但可以养成勤俭节约的好习惯，而且还会避免被敲诈勒索。

4. 团结更多的同学，大家结伴同行

有一个身体瘦小但比较聪明的男孩子，就从没有遭遇被索要“保护费”的经历。他说，自己早就听说一些学生被收保护费，自己也很担心，于是不断地想，如果自己遇到了，该怎么办。

很快，他想出了一个主意，将这件事和同班的几个同学说了，而且他提议，以后大家尽量一起走，这样就不容易被不良少年欺负了。再者说，即使有某一个同学遭遇勒索，其他同学也可以及时向老师反映，而不至于太吃亏。

孩子的住校安全引起注意了吗

提炼关键词

偷盗　猥亵　宿舍安全

安全大讲堂

有一些家长为了锻炼孩子的独立性，也有的是因为家里无人照看，他们选择了让孩子上寄宿学校。当然，学校本身会在宿舍管理方面为了保护孩子们的安全做很多工作，但学生宿舍毕竟人员多而杂，和家庭相比，容易出现一定的安全问题。这就需要父母多为孩子做一些工作，教给孩子一些避免发生危险的策略和方法，以保证孩子能够在宿舍里最大限度地保护好自身的安全。

某初中宿舍，寒假后第一天开学，一位名叫丽丽的女生在从书包里拿出钱包准备买东西的时候，发现钱包里居然空空如也！

顿时，丽丽心里就一阵紧张。她反复回想，临出门前，妈妈确实往自己钱包里放了500元，作为两周的生活费。可是怎么忽然不见了呢？

同宿舍的其他几个同学知道后，也面面相觑，都过来向丽丽询问情况。同时，大家又都狐疑地看着每一个人，因为偷丽丽钱的人肯定是她们几个人中的一个。

一时间，几个女生都有些不知所措。丽丽一时也没了主意，难过地啜泣着。这时候，同宿舍的一个比较成熟的女孩刘杰说了一句："这件事得赶紧告诉班主任吴老师去，让老师来处理比较好。""对，应该这样。"其他几个女生也附和着说要丽丽去告诉老师。

丽丽找到了班主任吴老师，吴老师听后，非常重视这件事，立即展开调查。经过将近两天的密切调查，最后焦点落在一个女孩身上。这个女孩名叫苏岩，她是丽丽的好朋友，但并不住校。开学那天的早上，苏岩从家里来到学校，由于时间尚早，她便来到宿舍找丽丽。当看到丽丽鼓鼓的钱包后，就起了歹念，趁丽丽和其他室友都不在的情况下，苏岩将丽丽钱包里的500元钞票都拿了出去。由于丽丽和她是好友，苏岩家的经济条件也很好，所以没有人会想到是她偷的。

好朋友偷了自己的钱，这在人们看来的确是非常不可思议的，可是它却实实在在地发生了。

像偷窃、猥亵、暴力等危险情况在住校学生中间并不少见。即便如此，依然有很多的家长存在侥幸心理，觉得这样的事不可能发生在自己孩子身上。其实，这是一种不负责任的心理，说明家长还没有意识到培养孩子安全意识的重要性。如果能帮助孩子提高安全意识，采取积极的防范措施，那么，类似上面事例中丽丽所遭遇的被盗事件是可以避免的。

安全指南针

1. 宿舍发生盗窃的几种情况

(1)顺手牵羊。趁着宿舍里没人或者某个同学短暂离开、粗心大意时，顺手拿走人家的财物。

(2)乘虚而入。在学生宿舍中，一般都是一个宿舍住好几个人，至少也会是4个人。因为人员比较多，大家进出往往会不太注意锁门。还有的孩子对自己的贵重物品保管得不严，随意放置，这往往都会给乘虚而入者以可乘之机。

(3)暴力破门。有的学生宿舍，由于门锁不牢固，窃贼发现这一点后，往往会破门而入进行盗窃。

(4)偷配钥匙。有的盗贼会利用时机，偷偷配一把钥匙，当宿舍内的人员都不在的时候，寻找机会开门入室进行盗窃。

(5)外员留宿。有些孩子会带着自己的好友、同乡等来宿舍里玩，有的甚至还让他们留宿。当自己去教室上课的时候，放心地把钥匙交给他们，岂不知这也可能会为丢失财物“埋下伏笔”。

2. 宿舍被盗，孩子应该怎么办

(1)让孩子保护好现场，不要随便乱动室内的东西。

(2)让孩子第一时间向学生公寓管理处、保卫处进行汇报，因为他们会在最短时间内赶到现场进行处理，也可以向公安机关报案。

(3)积极配合保卫人员和公安民警的调查,向他们主动提供线索。

(4)对于被窃贼弄坏的门、窗、锁等进行更换。

3. 如何防止宿舍内发生火灾

宿舍是人员相对较多,空间又相对较小的地方。由于孩子们的饮食起居都在这个小小的空间里,所以在生活安全方面更需要引起注意。在此,我们总结了几点关于宿舍防火的基本常识,以供孩子们参考:

(1)不让孩子使用电水壶、电热毯、热得快等大功率电器,发现其他同学使用要坚决制止。

(2)在宿舍内不可以使用蜡烛等明火,也不可以烧毁信件等杂物。

(3)宿舍里不能使用酒精、汽油等易燃易爆、带有剧毒及放射性的物品。

(4)宿舍内严禁私拉电线和乱设电源。

(5)让孩子熟悉宿舍楼内的安全通道,留意消防器材放置地点和使用方法,以防意外的发生。

实验室也是个危险场所

提炼关键词

化学药品　听从安排　爆炸　有毒物质

安全大讲堂

实验室是很多学校的配套设施之一,在这里,孩子们可以进行物理、化学和生物等方面的科学实验,感受其中的神奇魅力。然而,与此同时,实验室的安全问题也不容小觑。

通过媒体我们可以看到,因为实验室而引发的安全事故层出不穷,严重的还出现了人员伤亡事故。

由此可见,关于校园安全,实验室的安全问题和其他安全问题一样,需要引起父母和孩子的高度重视。我们来看看近几年媒体的相关报道:

2007 年，北京市海淀区一所大学中的实验室发生氢气和硼烷泄漏事件，所幸近百名师生及时疏散，未有人员受伤。据目击者称，事故原因系做实验时，学生将一些容器阀门弄坏造成的。

2010 年 3 月 15 日下午 4 点 15 分左右，北京市朝阳区望京地区望花路小学一实验室突然起火。课堂上的数百名学生在老师带领下紧急疏散，未造成人员伤亡。

2010 年 12 月 19 号的一次实验，改变了东北农业大学 28 名师生的人生轨迹。这是一次羊活体动物实验，先解剖，再肢解，最后观察羊内脏。整堂解剖课从上午一直持续到下午，它的结果却是：28 人感染严重布鲁氏杆菌传染病。

诸多的事例让我们感受到实验室的“威力”所在。实验室原本是为了孩子学习的需要而配备的，但是实验室尤其是化学实验室有一定的危险性，如果操作不当，很容易造成安全事故。

由于孩子安全意识淡薄，所以他们常常不会对危险的事感到在意。因此，这就需要父母们多给孩子一些提醒和警示，让孩子认识到实验室的危险性，同时让孩子意识到在做实验的过程中应该谨慎操作的必要性。

安全指南针

1. 告诉孩子，做实验一定要听从老师的安排

家长应告诉孩子，在学校做实验时，一定要听从老师的安排，不做危险的尝试；实验之前，要阅读实验说明和注意事项，按照安全规则操作，不能“自搞发明”，将化学药品随意搭配。

2. 实验前做好安全准备

我们有必要提醒孩子，在做实验之前，要做好安全防护工作。比如戴上口罩、手套和防护眼镜等。这样可以在很大程度上避免实验出意外时对身体造成伤害。

3. 一旦发生意外应如何处理

当实验室发生安全事故，一定要保持镇定，并立即向学校保卫处和实验室设备管理处报告，及时拨打相应的报警电话。具体来说，需要孩子了解以下三点。

(1)在向保卫处、实验室设备管理处和火警求助时要说明事故发生的地点，事故的严重程度，自己的姓名、位置等。

(2)父母要提醒孩子，当发生紧急事故时，要根据以下优先次序处置，首先是保护人身安全，也就是本人安全及他人安全，其次是保护公共财产，最后是保存学术资料。

(3)三个电话需要孩子们牢记心中：一是火警电话 119；二是匪警电话 110；三是医疗急救 120。

PART 5

孩子饮食有讲究，吃好吃坏靠父母

——培养孩子的食品安全意识

民以食为天，孩子们自然不例外。如果吃到不健康的、不卫生的、有毒的食物后，危险就随之而来了。在这一问题上，同样需要父母严格的监督和密切的关注，让孩子远离不健康的食物，远离不健康的饮食习惯。

给孩子“进补”要有度

提炼关键词

劳逸结合　中药　过度发育

安全大讲堂

为了孩子能有一个好身体，能够长得高，长得壮，很多妈妈不惜花费精力学习烹饪，提升厨艺，想方设法地给孩子“进补”。于是，鸡鸭鱼肉成了餐桌上的主打菜，不少母亲不断地给孩子吃各种营养品，又是补钙，又是补脑，又是补眼，生怕孩子缺这少那，影响生长发育。在这些妈妈看来，“进补”是“韩信点兵”——多多益善。

实际上真是如此吗？其实未必。现实生活中，有的家长花了很多的钱，费了很多的力，可是却未能达到预想的效果。

我们知道，对身体来说，最重要的是营养均衡，而不是补这补那。

童童是一名初二男学生，外表俊朗挺拔，阳光健康。但是自从半年前开始，当童童发现自己的乳房竟然发育到了和同龄女生有一拼的程度时，他开始苦闷了。父母带他到医院检查之后，医生表示，一定要进行手术。究其原因，是童童吃的补品太多了。

童童是个早产儿，妈妈一直担心他的身体状况，生怕孩子缺这少那，因此在他3岁之后，就不断地给孩子补充各种营养品。特别是上了初中之后，妈妈担心童童学习任务加重营养跟不上，为他购买的补品就更多起来。

这些年，童童习惯了妈妈给自己购买的这些营养品，所以来者不拒，统统吃下。可是，从半年前开始，童童发现自己的身体有一些“奇怪”现象，最明显的就是他的乳房竟然开始增大很多。为了掩饰身体上的这种变化，童童都不敢在炎热的夏季和伙伴们去游泳池游泳，穿的衣服也都是肥大的。但是，他的秘密还是没能躲过一位同班同学的视线。那位同学曾给他递上了这样的纸条："小乳猪，今天帮我值日哦，否则我会说出你的秘密！"

此时，童童感到，如果再不采取措施，就要成为同学们的笑柄了。至此，他才将此事告诉之前未曾察觉他身体变化的妈妈。

医生了解情况后，对童童妈妈提出了忠告：孩子不可以过度进补，否则可能出现激素失调，童童就是这种情况。此时，童童的妈妈后悔不已。

据医学的相关介绍，过度进补不但会造成发育不正常，还会对人体成年甚至老年之后产生不利影响。这是因为，人体对任何外界刺激都是有适应度的，如果平时吃多了补品，等到将来真的需要进补的时候，由于人体已经产生耐受性，所以会导致补药无法达到滋补的作用，到头来自然是"老来吃苦"。此外，有一些补品含有激素成分，长期服用的话会导致孩子发育提前。不仅如此，进补过多还会造成营养过剩，使孩子肥胖，以至于很多老年病提前找上门来。

父母们需要清楚的是，现在的孩子一般都不存在营养不良的情况，只要改善生活习惯，做到劳逸结合，根本不需要额外进补。

安全指南针

1. 给孩子食补要有选择

很多家长认为孩子多吃高蛋白的食物就会有利于身体的良好发育。实际上未必如此。因为孩子的消化系统处于尚未发育成熟时期，营养过多的话会造成消化吸收不良，从而引起某些疾病。还有，有些孩子对于鱼、虾、蟹等会产生过敏反应，过多食用同样对身体不利。所以，妈妈们一定要有选择地给孩子进行食补，按需进行，按孩子的体质进行。

2. 别把中药当"神药"

有些家长认为，中药的原材料源于自然，适当多吃也不会损害身体。为此，这些妈妈给孩子进行中药进补，而且认为多多益善。实际上，这种认识是极其错误的，也是非常危险的。对于一些免疫力低下、体质虚弱的孩子，适当的调补是有必要的，但一定要在医生指导下进行，千万不可我行我素，自行调配。

食物可不要随便吃

提炼关键词

疏忽　过期食品　剩饭剩菜

安全大讲堂

某某学校出现了集体中毒事件，某某孩子因为饮食不当而导致严重的疾病……类似的消息时常会充斥我们的耳朵，让我们认识到：给我们带来营养和健康的食物，也可能成为“谋害”我们的罪魁。

当然，家长们对于孩子的饮食都是颇为重视的，大家都希望自己的孩子有一个健康而强壮的身体。但是，相对来讲，孩子的抵抗力比成年人要弱一些，有时候稍微不注意食物的安全和卫生，就可能引起危险的发生。因此说来，对于孩子的饮食安全，父母们一定要高度重视，不可疏忽大意。

暑假里的一天，12岁的康康和7岁的妹妹瑶瑶留在家里，爸爸妈妈去了附近县城的医院看望生病的朋友。

临行前，爸爸妈妈告诉康康和瑶瑶一些在家中需要注意的安全事项，还把中午的饭菜给他们准备好，放在了冰箱里，需要吃的时候用微波炉加热一下就可以了。

康康年龄比较大，之前也有过几次单独和妹妹在家的经历，所以他很懂事地让爸爸妈妈放心，一定会照顾好自己和妹妹，并看好家。

爸爸妈妈放心地离开了，康康和妹妹也相处融洽。

可是，就在康康上厕所的工夫，妹妹瑶瑶自行打开冰箱，要拿东西吃。瑶瑶拿出来两片面包，然后又找果酱。由于身高不够，瑶瑶还搬来一把凳子，然后踩在凳子上够冰箱最里面的一瓶果酱。

拿出果酱之后，瑶瑶一看上面的图案，正是自己喜欢吃的草莓酱，于是就往面包上涂了一些，津津有味地吃起来。

过了一会儿,康康从卫生间里出来了。看到妹妹在吃夹着果酱的面包,开始对妹妹训导起来:"你怎么自己随便拿东西吃呢?为什么不等我从卫生间出来帮你拿?"妹妹笑嘻嘻地冲哥哥撒娇,懂事的康康只好无奈地笑了。

中午的时候,康康把妈妈给自己准备好的午饭加热,然后叫妹妹一起来吃。谁知,这时候,妹妹瑶瑶开始闹起肚子来,一连上了两次厕所,还说肚子疼。

看到妹妹疼痛难忍,康康又是心疼又是着急,他赶紧找家中储备的止泻的药物,准备给妹妹服下。可康康又一想,这些药物可能是成年人服用的,给儿童服用还是得问医生才行,再说自己找出来的药未必就对症。所以,他决定先简单吃点饭,赶紧带妹妹去附近的医院检查身体。

经医生诊治,瑶瑶的腹泻很可能和食用过期食物有关。这时候,康康想起来,妹妹上午吃过面包和果酱,那瓶果酱可能放置的时间太久了,里面产生了有害菌群,所以导致妹妹腹泻。

爸爸妈妈回家后,听说了前前后后的经过,直感觉自己太马虎大意了,那瓶果酱已经开封很久了,忘了吃,也一直忘了丢掉,没想到给孩子带来这么大的伤害。

关于食品卫生,已经越来越多地引起人们的重视。特别是对于身体发育尚不完善,抵抗力差一些的孩子,他们的饮食就更需要多加注意。

过期的食物、添加剂多的食物或者剩饭剩菜等,都有可能引发孩子肠胃不适,甚至生病、死亡。可是,孩子的分辨力弱,常常是口味第一,健康第二,或者就像上面事例中的瑶瑶那样,根本不知道健康为何物,只要想吃,就拿过来吃,也不管过期不过期,健康不健康。

既然如此,父母们就要承担起小心维护孩子饮食安全的重担,让孩子知道食物不能随便吃,千万别因为一时的贪嘴而对身体造成不必要的伤害。

安全指南针

1. 过期的食品不能吃

食物都是有保质期的。在保质期内,食物的营养成分通常不会流失,这时候食用是安全的。而过了保质期,食物就会发生变质,这时候如果再让孩子食用的话,就很可能引起身体不适,轻则疼痛难忍,重则造成食物中毒。

为了孩子的饮食安全，请家长们把过期的食品及时丢掉，开封后长时期没有食用的食品也要尽快丢掉，以免像上面案例中的瑶瑶一样误食而带来危险。

2. 剩饭剩菜快丢掉

这一点和上面的内容类似，严格来讲，剩饭剩菜就属于“过期”食品。这些食物也可能会引起孩子肚子疼痛或者食物中毒等。虽说很多妈妈崇尚勤俭节约的传统美德，但一定不要以孩子及家人的健康为代价。剩饭剩菜，暴露在空气中一定时间后会产生一种致癌物质——亚硝酸盐。人体食用这些食物后，会引发肠胃疾病，甚至引发肝癌和胃癌。

3. 有些貌似“健康”的食物也最好不要生吃

有些家长喜欢吃日本料理或者牛排，在这些食物中，有一些食物实际上并不健康，比如三文鱼、不十分熟的牛排等。

由于大人抵抗力较强，食用后一般不会有什么不良反应，但是孩子抵抗力弱，吃这些东西往往会引起不良反应。另外，鲜藕和竹笋，虽然吃起来爽口得很，但是生吃的话，容易引起消化不良。因为这些食物里有寄生虫，食用后容易引起肚子痛等症状。还有，茄子、花菜和洋山芋中含有尼古丁成分，如果经常让孩子生吃，那无异于让孩子吸“二手烟”，对健康十分不利。

所以，我们有必要提醒家长，那些大人可以吃，而且看起来“健康无害”的食物可能会引起孩子的不良反应，给孩子带来疼痛甚至更大的伤害。所以，为了孩子的健康着想，还是给孩子吃熟的食物吧！

香喷喷的爆米花里暗藏“杀机”

提炼关键词

香喷喷　有害物质　铅

安全大讲堂

电影院、市场上,还有街边常有香喷喷的爆米花的诱人味道扑入我们的鼻腔,令人禁不住深深吸一口气,才觉得过瘾。

孩子们对于爆米花更是喜爱至极。但是,爆米花中有着很高的铅含量,有的竟高出国家标准500倍以上。另外,儿童对于铅的吸收率比成人高好多倍,短时间内进食大量的有铅污染的爆米花,就可能会引起中毒。

还有报道称,有医务人员发现一些人在长期食用爆米花后患了肺病,这种肺病与一些在爆米花厂工作的工人所患的肺病一样,俗称"爆米花肺",主要症状是呼吸困难和哮喘,严重的话还会危及生命。

既然爆米花的危害是如此之大,那么家长们就要严格把控孩子食用爆米花,不要经常吃,最好不要吃。

畅畅是一名9岁的三年级学生。一向成绩优异的她不久前忽然出现了异常变化:上课时,她三心二意,对于老师和家长的劝说也总是置若罔闻,对待同学也变得不友好。

眼看着女儿的学习成绩迅速下滑,焦急的父母带着她来到儿童医院检查身体,检查结果显示,畅畅血液中的铅含量比正常儿童竟然高出5倍之多,初步诊断为铅中毒。

在为畅畅诊治的过程中,医生发现畅畅的父亲反应也很迟钝。原来,他是一位卖爆米花的小摊贩,经常会将卖不掉的爆米花吃掉。从小到大,畅畅吃的爆米花也不计其数。父女二人出现此种情况,和长期大量食用爆米花有直接的关系。

香喷喷的爆米花,它香香脆脆的口感,确实引人垂涎。但是再好吃的东西,也不能以付出健康和生命作为代价。所以,当你的孩子要求吃爆米花的时候,尽量想办法阻止,实在不行,只允许孩子吃极少量的爆米花,让孩子嘴上"过把瘾"即可。

安全指南针

1. 爆米花所含的有害物质

(1)脂肪。在爆米花所含的热量中,有45%都来源于脂肪,而这些脂肪通常是反式脂肪。它们会使人体内的低密度胆固醇增多，从而增加孩子患心脏病的几率。

(2)钠。电影院、剧院等售卖的桶装爆米花，一大桶爆米花含有的钠高达980毫克，大大超出了适宜摄入量。专家指出，长期摄入过量的钠，会增加高血压发病的可能，甚至引起胃癌。

(3)二乙酰。这是一种化学调味剂。一则它能让爆米花看上去金灿灿的，格外诱人；二来它能让爆米花香气四溢。《华盛顿邮报》曾报道：爆米花工厂有工人由于每天都呼吸含有二乙酰的空气，患上“爆米花工人肺病”——一种致命的阻塞性肺病。

(4)全氟辛酸。爆米花的包装袋上往往都有一层名为氟代甲苯的化学物质。它能保证爆米花用的油和其他调味品不渗透出来，也能使包装纸在微波炉加热时不至于燃起来。但是，在高温下，氟代甲苯会分解出全氟辛酸。专家发现，经常接触全氟辛酸后果会很严重。

2. 家用微波炉加热爆米花需要注意的问题

有些父母会自己给孩子用微波炉做爆米花。对此，专家提醒，最好远离加热区至少两米以上，制作完之后，最好先打开包装袋，放置在通风的地方，被风吹一吹再让孩子食用。当然，自己制作爆米花也不要多吃哦！

小心！夜宵可能引发疾病

提炼关键词

生长激素　方便面　夜宵族

安全大讲堂

一些家长总担心孩子营养不够，常给孩子准备夜宵吃。

这样做对孩子的身体发育有益还是有害呢？对此，一位医科大学的教授指出，人体生长激素在晚上睡眠时达到分泌的旺盛期，如果临睡前吃夜宵，会影响生长激素的分泌，继而有可能影响到长高。

相关医学研究证明，为了让生长激素得到充分的分泌，需要降低血糖值。所谓血糖值就是血液中糖分的浓度。吃夜宵，特别是甜味食品会使血糖值上升，影响生长激素的分泌。

如此看来，吃夜宵不仅不利于孩子身体的生长发育，反而还有害。

娜娜的妈妈是某日报的编辑，每天都要上夜班，回家后都晚上10点钟了，她习惯了到家后吃夜宵。渐渐地，娜娜也跟着凑热闹，一来二去，她也养成了吃夜宵的习惯。妈妈发现，自从娜娜经常吃夜宵后，以前瘦弱的身体变得胖一些了，为此，妈妈还觉得夜宵的功劳不小呢！

可是，在一次学校组织的体检中，娜娜被检查出胆固醇偏高。医生给出的建议中有一条便是注意饮食。这时候娜娜的妈妈才意识到，这可能与女儿经常吃夜宵有关系。

小玉的妈妈下班晚，回来还要买菜、做饭，因为怕下了学的女儿不能及时吃上晚饭，她总是给孩子吃一些零食，比如蛋糕、酸奶什么的。到该吃晚饭的时候，小玉反而吃不了多少了。可到了晚上9点钟左右，饱劲儿过去了，小玉又会向妈妈要东西吃。妈妈只好做个土汉堡——在面包里夹入火腿肠、煎鸡蛋和芝士片，一来图个省事，二来孩子也爱吃，可谓一举两得。

这样的饮食习惯持续了两年之后，小玉的体重比同龄人高出十多公斤，属于肥胖级别。做医生的舅妈看到小玉的样子后，给小玉的妈妈提出了建议：注意孩子的饮食，不要吃夜宵。

生活中，像小玉和娜娜的妈妈，这样的家长并不少见，他们只顾了孩子嘴巴上的"需要"，而忽略了孩子身体对于健康的"需要"。长此以往，势必使孩子过度肥胖，以至于产生这样或者那样的疾病。如果你的孩子也是小小夜宵族，那么就有必要引起注意了。

安全指南针

1. 不要选择这些东西做夜宵

(1)方便面。其中含有过多油脂、盐分和防腐剂，对孩子尤其没有好处。

(2)油炸食品。属于高热量食品，用来充当夜宵的话，发胖的可能性升至95%以上。

(3)产气食品。虽说红薯、栗子类营养不错，但它们却是“产气大王”，吃了以后不活动马上入睡，那股气在孩子腹中左冲右突，会让他不得安眠。

(4)全脂奶或高脂特浓奶。牛奶对于睡眠有帮助，但问题是夜宵中的脂肪非常容易在体内积蓄，对孩子也是如此，所以入睡前喝低脂奶或脱脂奶为好。

(5)巧克力类点心或糖果。这类食品容易肥胖不说，其中的可可成分还容易导致兴奋，对安然入睡无益。

2. 如果吃夜宵，就选择这些食物吧

(1)白粥。热量低，好消化，益脾补气。假若孩子白天进食过杂，临睡前的一小碗白粥倒是不错的选择。

(2)水果西米羹。做的时候要少放糖，使之成为酸酸甜甜、软软糯糯的“糖水”，孩子都喜欢。

(3)海鲜鸡蛋羹。海鲜的用量要少，放一点点蟹肉条和一枚北极虾即可，属低热高蛋白的羹类夜宵，易消化。

(4)猪肝泥夹小面包。补血益气的夜宵，操作简便，猪肝泥、鹅肝泥、荠菜泥都可选择超市的小容量瓶装产品。

(5)低脂奶配小咸饼干。饼干若为芝麻苏打、蔬菜苏打或海苔苏打，更符合孩子夜宵的平衡、低热原则。

“垃圾食品”害处多，孩子常吃无益处

提炼关键词

洋快餐　垃圾食品　心理预防

安全大讲堂

我们常常会提到或者听到别人口里说出“垃圾食品”这几个字。每当这时，我们的脑海里就会浮现出洋快餐、膨化食品、油炸食品的样子。的确，这

些都属于垃圾食品的行列。世界卫生组织对于垃圾食品的定义是:仅仅提供一些热量,别无其他营养素的食物,或是提供超过人体需要,变成多余成分的食品,包括冷冻甜品,饼干类食品,火腿,罐头等。

我们知道,垃圾食品是指营养成分少、添加剂多(或者含有有害成分),且没有特殊保健功效的食品。长期食用垃圾食品有可能损害身体健康。因此,为了孩子的身体健康,我们应该让孩子尽量少量食用或者不食用。

曾经,媒体报道了一位中国台湾12岁女童天天吃炸鸡导致肾萎缩的新闻。在3年的时间里,这名12岁女童每天在放学后到小卖部买鸡排、盐酥鸡等油炸食物,再喝一杯汽水或含糖饮料,由于长期摄取高糖高油最后导致出现肾衰竭,不得不终身洗肾才能保住性命。

她的主治医生称,这名12岁女童很可能原来就患上了慢性肾病,再加上不控制地每天吃油炸食品,喝高糖分饮料,导致肾不堪重负。由此,医生提醒家长朋友,要控制孩子不要过多食用垃圾食品。

垃圾食品把原本可以健康成长的孩子给毁掉了,而这和家长的培养是密不可分的。如果家长能够早一些意识到问题的严重性,就不会任由孩子食用过多垃圾食品,类似的后果也就不会发生了。

安全指南针

1. 世界卫生组织公布的十大垃圾食品

油炸类食品、腌制类食品、加工类肉食品(肉干、肉松、香肠、火腿等)、饼干类食品(不包括低温烘烤和全麦饼干)、汽水可乐类饮料、方便类食品(主要指方便面和膨化食品)、罐头类食品(包括鱼肉类和水果类)、话梅蜜饯果脯类食品、冷冻甜品类食品(冰淇淋、冰棒、雪糕等)、烧烤类食品。

爸爸妈妈们可以对照一下我们每天给孩子吃的食物,有多少属于垃圾食品呢?当然,上述垃圾食品,我们难免一点都不给孩子食用,一点垃圾食品都不吃似乎也是不可能的。但是,尽量避免多吃这些食品,还是能够做到的。

2. 世界卫生组织公布的最佳食品

(1)最佳水果:木瓜、草莓、橘子、柑子、猕猴桃、芒果、杏、柿子和西瓜。

(2)最佳蔬菜:红薯既含丰富维生素,又是抗癌能手,为所有蔬菜之首;其次是芦笋、卷心菜、花椰菜、芹菜、茄子、甜菜、胡萝卜、荠菜、苤兰菜、金针菇、雪里蕻、大白菜。

(3)最佳肉食:鹅、鸭肉的化学结构接近橄榄油,有益于心脏。鸡肉、新鲜鱼、虾类。

(4)最佳汤类:鸡汤适用于冬春季饮用,可以在一定程度上预防感冒。

(5)最佳食用油:玉米油、米糠油、芝麻油、橄榄油、花生油等尤佳(一日三餐中的植物油与动物油1:0.5为宜)。

(6)最佳护脑食物:菠菜、韭菜、南瓜、葱、椰菜、柿椒、豌豆、番茄、胡萝卜、小青菜、蒜苗、芹菜等蔬菜,核桃、花生、开心果、腰果、松子、杏仁、大豆等壳类食物以及糙米饭、猪肝等。

3. 日常生活中父母要对孩子进行积极心理预防

在陪伴孩子成长的过程中,父母们可通过和孩子聊天的机会,向孩子适时地灌输“垃圾食品”的危害性。比如,孩子表示喜欢某个英雄人物的时候,我们可以跟他说,人家在小时候是不喜欢吃“垃圾食品”的,所以才这么健壮、勇敢!一开始,孩子可能还不能马上理解,但听得多了,他心里就会逐渐形成这样的概念:这些食品对身体没好处,所以爸爸妈妈不让我吃;我也要做一个健康、勇敢的孩子,所以我也不吃这些食品。当他再有贪吃的欲望时,他就会犹豫。这样一来,孩子在食物选择方面就会逐步养成好习惯了,“垃圾食品”将会自动排除在他们的选择之外。

你注意孩子的饮水安全了吗?

提炼关键词

卫生　水中毒　白开水　卡路里　睡眠质量

安全大讲堂

对每个人来说，水是很平常的东西，但也是非常重要的东西，它会为我们的身体提供重要的“养分”。人身体中80%是由水分组成，人每隔5~7天就需要新陈代谢更换一次水分，有了水才能进行新陈代谢，可以说，没有水就没有生命的活动。因此，合理地汲取水的补给量是每个家长及孩子应该掌握的基本知识。

著名童话大王郑渊洁也曾提到，水就是“警察”，我们要多让“警察”进入我们的身体，让那些“小偷”顺着小便排出体外。这样的比喻很容易吸引孩子的兴趣，爸爸妈妈们不妨也通过这样的“招数”来引导孩子多喝水吧！

不过，水也并不是喝得越多越好，过量了还会中毒呢！科学家经过研究得出如下结论：成人每天要喝1500~2000毫升，儿童需要500~1000毫升。除了饮水量的问题，父母们更要注意孩子饮水的质量，要让孩子懂得饮水卫生。做到这几点，孩子才能比较全面地做到正确地喝水，喝“正确”的水。

媒体上曾经报导过一位美国加利福尼亚州妇女在参加一项喝水比赛后死亡，医院分析后得出的结论是水中毒。

据英国广播公司报道，这位叫詹妮弗·斯特兰格的参赛者在进行完比赛后曾表示自己头部剧烈疼痛，然后就回了家，不久有人发现她已经死亡。经医生检查显示她是死于水中毒。

无独有偶，有个姓张的小姐，嫌自己太胖，当她听说多喝水既能美容又能减肥后，开始不断地喝水，每小时的饮水量达到五六百毫升，一天下来要喝将近5000毫升的水。这样坚持了七天后，张小姐开始出现头痛、呕吐等症状，经医生检查后发现，病根竟是“过量饮水”，张小姐患了“脱水低钠症”，俗称“水中毒”。

还有一位王先生，参加单位组织的篮球赛时，一口气喝光了一瓶两升装的矿泉水，结果不但没解渴，还引起水中毒。经过医生诊断，王先生系一次性喝水过多、过激导致水中毒。

水这个看起来如此平常的东西，居然多喝也会中毒！没错，水的威力不仅表现在山洪暴发时的猛烈，还会体现在我们平日生活的点滴之中。因此，要想让我们的孩子拥有健康的身体，家长们还是需要在孩子的饮水方面多下一些功夫的，让孩子知道怎么喝水，喝多少水，什么样的水不能喝等问题。这样才能从很大程度上避免孩子因为饮水而发生危险。

安全指南针

1. 白开水是最好的水

白开水中不含卡路里，不用消化就能为人体直接吸收利用。水的温度最好控制在30摄氏度以下比较好，因为这样不会过于刺激肠胃道的蠕动，也不易造成血管收缩。

很多孩子对水这个无色无味的东西不"感冒"，而是喜欢喝一些五颜六色的含糖饮料。实际上，这些饮料会减慢肠胃道吸收水分的速度，长期大量饮用，会对孩子身体的新陈代谢产生不良影响。

2. 告诉孩子不要等渴了再喝水

很多孩子没有定时定量喝水的习惯，往往是口渴得不行了，才想起来猛灌一通。其实这样喝水并不科学。正确的饮水是，在两顿饭期间适量饮水，最好隔一个小时喝一杯。同时，父母还可以提醒大一点的孩子，可以根据自己尿液的颜色来判断是否需要喝水。一般来说，尿液是淡黄色的，如果尿液太浅，可能是喝水过多，如果尿液很深，说明需要多补充一些水了。

3. 睡前少喝水

我们都知道，孩子睡觉前不要吃糖果，不要吃过多食物，其实睡前也不宜喝太多的水。这是因为睡前喝水太多，会在夜里上厕所，影响孩子的睡眠质量。最好的饮水习惯是，早上醒来后，让孩子喝一杯清水，这样既能补充夜间流失的水分，又有益于血液循环，促进大脑清醒。

孩子最好别吃青蛙肉

提炼关键词

青蛙肉　私利　农药残留　生态平衡

安全大讲堂

"稻花香里说丰年，听取蛙声一片。"的美妙诗句是古代诗人为我们留下的千古绝唱。的确，当夏季到来，那些低洼积水的湿地或者农田里，经常能传出青蛙悠扬的鸣叫，给人们增添了生活情趣，体现人与自然的和谐。

然而，有一些人为了牟一己之私利，干一些伤天害理又违法的事情，他们到田野或者池塘里捕捉青蛙，然后卖给一些收购的人，再转卖到一些饭馆里。就这样，一只只活蹦乱跳的青蛙，就丧失了宝贵的生命。

其实，吃青蛙肉不仅不道德、违背法律法规，而且还会对食用者的身体带来危害。据相关医学资料显示，在青蛙的体内，有一种双槽蚴寄生虫。这种寄生虫原来是寄生在猫、狗等动物体内的，但随着它们的粪便排出，在水中发育成钩球蚴，钩球蚴被水中的剑水蚤吞食后，便在体内发育成尾蚴。

青蛙吞食了这些蚤之后，尾蚴就在它们的体内寄生下来，逐渐发育成双槽蚴。这种寄生虫，不易被高温加热而杀死。如果人吃了青蛙肉，双槽蚴就会在人的腹部、手腕腿肚等部位的皮下组织内寄生，还会在人的眼睛、肾脏周围等处寄生。寄生下来的双槽蚴会使周围的人体细胞组织产生一种黏液，导致人的面部出现水肿，严重的还会产生脓肿。如果双槽蚴一旦侵入人的眼球里，还会引起各种炎症，导致角膜溃疡、视力减退，严重的甚至造成双目失明，带来终身痛苦。

一次，孙浩跟随妈妈前去参加同事的婚宴。酒席很丰盛，山珍海味一应俱全。当有一道菜由服务员端上桌后，孙浩被那一对对肥肥的下肢给吸引了。他还从没见过这种东西呢，正要拿筷子去夹，没承想被爸爸给拦下了。

孙浩不明就里，疑惑地看着爸爸。爸爸凑到他耳边，悄悄地说：“这是青蛙肉，最好不要吃。青蛙是我们人类的好朋友，它能在田间捕捉害虫，但是他捕食的昆虫身体里积聚了农药残留，青蛙吃下昆虫后也会让身体积存农药残留。人再吃青蛙，就相当于把这些农药残留吸收到自己体内了。所以，还是不要吃了。”

听到这里，孙浩认真地点点头，将筷子伸向了其他盘子中……

青蛙是捕食害虫的能手，也是为人类保护庄稼的好朋友。在一天之内，一只青蛙可吃掉稻田害虫50多只。然而，有些人为了吃到鲜美的蛙肉，或者为了以此牟利，以至于到处滥捕青蛙。很多的青蛙就这样成了一些人餐桌上的美味。

作为父母，我们也要像事例中孙浩的爸爸这样，让孩子知道食用青蛙的不道德和对身体造成的危害。这样，孩子就会将这种认识逐渐灌输到头脑中，当他见到青蛙肉的时候，可能就会下意识地反映：这个东西我不可以吃！

安全指南针

1. 让孩子坚决不食蛙肉，不捕杀青蛙

农村地区的一些孩子，由于条件的便利，接触青蛙的机会比较多。在他们周围，可能会出现一些大孩子或者成年人捕食青蛙的现象。如果孩子受这些人的影响或者引诱，也难免会加入到捕食青蛙的行列里。

对此，家长应早一些告知孩子，不要受别人影响，坚决不捕杀青蛙，也不要食用蛙肉。否则，既是不健康的，也是不道德的。同时我们还可以告诉孩子，如果周围有小伙伴购买蛙肉这种食品，也尽量劝说其不要购买。

2. 引导孩子做保护自然、维护生态平衡的小卫士

孩子的心灵是纯净美好的，有些孩子甚至还有英雄情结，对那些损人利己、不道德的事情以及做这些事情的人，他们会生出排斥和敌对的情绪。父母可以利用这一点，让孩子保护青蛙，争取当一个维护生态平衡的小卫士。

3. 当发现周围的伙伴有特殊症状时要赶紧就医

食用蛙肉后，青蛙体内的双槽蚴会进入人体，而且它在人体内有移动的习惯。这样，会使食用者出现不同的症状。我们应该提醒孩子，当发现周围有人出现不同变化时，要赶紧提醒他到医院诊治，不要贻误病情。

羊肉串的美味背后

提炼关键词

空气污浊　癫痫　脑囊虫病

安全大讲堂

夏日里，街头一家家大排档前，羊肉串美味的香气扑鼻而来，坐在餐桌前的人们美滋滋地吃着羊肉串，喝着啤酒，好一副幸福而满足的模样。

这其中，我们也会发现一些小孩子的身影。他们是被父母带着来到这充满了生活气息又可品尝美味的环境中来的。

这种场景固然是一种幸福而祥和的写照，但其实质上却存在着隐性的危害。因为烤羊肉串这种食品，是非常不健康的。父母们或许也听闻一些在街边流动的烧烤摊吃了羊肉串便闹肚子的事，但这似乎撼动不了人们对羊肉串的热情，依旧照吃不误。

不过，在此，我们还是要提醒家长朋友，千万别为了嘴巴的舒服而忽略了健康，尤其是作为家庭希望的小孩子，就更应该远离羊肉串这种食物。

据某电视台记者暗访调查发现，很多羊肉串都是由一些地下窝点进行加工的，卫生问题相当严重。这些加工窝点内，空气污浊不堪，卫生状况极其恶劣，工人们没有任何卫生防护用具。

另外，还有人制造假羊肉串，所用原料多是有卫生问题的牛肉和猪肉，为了使这些牛肉和猪肉都带有羊肉的味道，制造者会把切碎的牛肉和猪肉用羊油和一些调料浸泡。据说，还有更严重的，使用病死的猪肉做羊肉串。

看到此，作为家长的你是不是能够警醒：不但坚决不让孩子吃羊肉串，自己也不要吃啦！

前不久，某医院接诊了一位癫痫病患儿。孩子的症状是突然神志不清、四肢痉挛抽动。医生询问孩子家长，在发病之前孩子都做过什么。家长说孩子跟着自己在街边大排档吃过羊肉串，吃完后又玩了会电子游戏，之后就突然出现了这种症状。

据医生判断，这个孩子出现癫痫症状很可能和食用羊肉串有关。因为一些生羊肉中的囊虫即使经过高温熏烤也无法杀死，而孩子吃了不洁肉品后，囊虫便可能通过血液钻入人脑中，从而引起癫痫。

家长听了医生的分析，后悔万分。他们决定以后再也不给孩子吃羊肉串了，自己也不吃了。

媒体上还报道过一则关于羊肉串引起身体中毒的新闻。该媒体报道，2012年5月份，北京某医院一名女医生发微博称："一患者皮下淤斑、血尿、流鼻血不止来急诊，查凝血功能严重异常，怀疑鼠药中毒，抽血留尿送检307医院毒物筛查，证实鼠药中毒。但患者断定绝无别人投毒可能。仔细询问病史，之前曾吃过街边烤的肉串！有的不良商贩拿死耗子、死猫、死狗做羊肉串，殊不知这些动物可能死于鼠药，人吃后，竟然间接鼠药中毒。"

不管是食用羊肉串引起癫痫，还是因食用羊肉串而间接鼠药中毒，都是人们对于羊肉串这种食品的危害认识不足导致的。很多家长不仅自己不注意，而且连孩子的健康也不懂得小心维护，带着孩子吃可能引起身体危害的羊肉串。客观来讲，这些家长或许并不是不知道其中的危害，只是多数人存在侥幸心理，认为孩子吃一两次不会有问题，也有的认为自己不会那么倒霉，碰巧遇到有毒有害的羊肉串。

对于一个人特别是一个孩子来说，没有什么比他的身体健康和安全更重要的事了。有了健康的身体才会有圆满的家庭，孩子才会有成才、成功的可能。所以，希望那些在孩子的安全、健康方面还不够重视的家长能够认识到自己的问题，做一个真正对孩子负责任的好爸爸、好妈妈。

安全指南针

1. 谨防上当，帮孩子学会掌握羊肉鉴别方法

羊肉串并不是绝对不可以吃，但是我们一定要给孩子选择那些健康的、安全的来吃。那么，怎么来鉴别哪些是安全的羊肉串呢？在此，我们列出几点要素，供家长们判断。

（1）看色泽。羊肉的颜色是鲜红色的，比牛肉略微浅淡。猪肉的颜色呈粉红色，鸭肉则是暗红色。另外，羊肉的脂肪部分应该是洁白细腻的，有些羊肉卷脂肪部分发黄，是因为冷冻储藏得太久了，这种羊肉新鲜度很差，营养口感也不好。

(2)看纹理。羊肉的纹理比较细，呈条纹状排列分布；猪肉纹路较粗，排列分布不规则，会呈网状结构。

(3)看脂肪分布。和其他肉相比，牛肉和羊肉的一大特征就是瘦肉中混杂脂肪，仔细想想看的话会发现丝丝分明，俗称"大理石花纹"。这一点猪肉则没有。虽然假羊肉通过把肥瘦猪肉切碎再压紧切片，也可以做出这种花纹，但其纤维明显显得混乱。

2. 告诉孩子尽量不吃羊肉串

虽然我们知道了鉴别真假羊肉串的方法，但是为了防止万一，最好还是不要吃羊肉串，尤其是不要让孩子吃。实际上，即使原料没问题，很多羊肉串在烤制中做不到十分熟。这也是商家为了迎合顾客的口味而采取的做法。因为很多人喜欢吃外焦里嫩、半生不熟的羊肉串。

可是，这些羊肉串一旦被人吃进去，很容易感染寄生虫，甚至有罹患脑囊虫病的隐患。不但如此，羊肉串被烧烤之后，还会分解出一种名叫"苯并芘"的强致癌物，对人体伤害很大。

所以，综合种种因素，我们还是让孩子远离羊肉串这种美味却不健康的食品为好。

别给孩子吃发了芽的土豆

提炼关键词

神经毒素　扼杀　高锰酸钾

安全大讲堂

说到土豆，每个人都不陌生。它可是深得人们的喜爱的一种食物，想想看吧，土豆丝、土豆片、土豆泥、烧土豆、土豆炖牛肉……太多太多的菜都是以土豆为原料做出来的了。

而土豆这种食物，也是具有很高营养价值的食物，不仅如此，它还有降血压、抗衰老的作用呢！

可是你知道吗，土豆放置时间太久容易发芽，而土豆发芽后将会产生致癌物质。这时候的土豆是不可以再食用的了。

有的妈妈可能认为将发芽的部分削掉就可以了，剩下的部分还可以继续吃。这种做法其实并不能将土豆的致癌成分给一并“扼杀”，也就是它的有毒成分还依然存在。所以，当家里有了发芽的土豆后，还是赶紧扔掉吧。同时我们也要提醒孩子，在发现土豆外面发芽的话，不管做出来的菜多么美味，都不要吃了。

媒体曾经报道过这样一件事：某贫困山区的一个名叫秀秀的女孩，因为不舍得将家里已经发芽的土豆丢掉，做了一锅土豆泥带到离家数十公里之外的学校，作为一周的干粮。结果吃了3天后，秀秀的身体出现了不适症状，上吐下泻，脸色蜡黄。

当时，山里医疗条件比较差，只在附近一个小诊所开了点治疗肠胃的药。可是之后几天，秀秀的身体状况毫无改善，症状反而更加严重。

眼看着孩子精气神一点点消失，老师们不得不想办法找了辆车子，载着秀秀到几十公里外的县城医院。

经这里的医生检查，秀秀应该是食物中毒。这一点从秀秀同宿舍的同学那里得到了验证。她们说，秀秀这几天吃的都是从家里带来的土豆。有一个女孩还说，秀秀还跟她说过，家里的土豆都发芽了，再不吃土豆都该蔫了。

因为贫困，因为节约，当然也因为无知，事例中的秀秀吃了很多发芽的土豆做的食物，最终导致身体出现危险。这实在是得不偿失的事！

当然，现在对多数家庭来说，尤其是对于城里的孩子来说，是没必要因为节约几个土豆而冒着危险去吃的。更多的情况可能是因为对于发芽土豆的危害不够了解。在这一点上，还需要父母多告诉孩子，发芽的土豆对身体有害，不管什么原因，都不要轻易食用这样的土豆。

安全指南针

1. 让孩子知道发芽土豆的危害

在平时的生活中，父母要不失时机地告诉孩子发芽的土豆对身体有怎样的危害。关于这一点，专业人士的说法是：土豆发芽后，芽孔周围就会含有大量有毒的龙葵素，这是一种神经毒素，可抑制呼吸中枢。最好不要食用发芽的土豆。如要食用须深挖及削去芽附近的皮层，再用水浸泡一段时间，煮食时间也须长一些。如果一次吃进 200 毫克龙葵素（约吃半两已变青、发芽的土豆）经过 15 分钟至 3 小时就可发病。最早出现的症状是口腔及咽喉部瘙痒，上腹部疼痛，并有恶心、呕吐、腹泻等症状。症状较轻者，经过 1～2 小时会通过自身的解毒功能而自愈；如果吃进 300～400 毫克或更多的龙葵素，则症状会很重，表现为体温升高和反复呕吐而致失水，以及瞳孔放大、怕光、耳鸣、抽搐、呼吸困难、血压下降，极少数人可因呼吸麻痹而死亡。所以对于症状较重的病人要尽早送医院治疗。

2. 怎样预防土豆发芽呢

土豆的存储很重要，专家建议，应低温贮藏，避免阳光照射，防止生芽。生芽较少的土豆应彻底挖去芽的芽眼，并将芽眼周围的皮削掉一部分。这种土豆不易炒吃，应煮、炖、红烧吃。烹调时加醋，可加速破坏龙葵素。

3. 一旦中毒该如何抢救

（1）一旦孩子不慎进食发芽的土豆并出现了中毒症状，家长可自行采取催吐洗胃方法：用浓茶水或 1∶5000 高锰酸钾洗胃的方式处理。如果自己没有把握，最好到医院让医生救治。

（2）给中毒的孩子服用一些藿香正气丸。

（3）如果孩子中毒严重，则赶紧送医院治疗。

隔夜饭怎么吃才安全

提炼关键词

亚硝酸盐　保存时间　加热　剩菜剩饭

安全大讲堂

民间有“不喝隔夜茶”的说法，而对于隔夜饭则没有什么“真知灼见”。这可能和勤俭节约的传统风尚有关吧！不过，随着人们生活水平的逐步提升，已经越来越多的人可以做到这顿饭不留到下顿，也就是吃不了的就扔掉。

当然，这种做法也只适用于剩饭剩菜。而隔夜饭却不仅仅只包括剩饭剩菜。我们可以注意一下，很多孩子从家里带饭，中午在学校里加热食用。

由于早上时间紧张，一般情况下，妈妈们也只能给孩子带头一天晚上做好的饭。这样的饭也是“隔夜饭”。一位医生曾经在接受媒体采访时表示：“根据我的调研，吃隔夜便当胃癌风险高3.6倍。”之所以如此，是因为隔夜菜是煮熟后放置时间很久，在细菌的分解作用下，硝酸盐便会还原成亚硝酸盐，有致癌作用，即使加热也不能去除。

由此看来，隔夜饭给孩子身体带来的危害还是不小的。可是，由于时间及各方面条件的限制，只能给孩子带隔夜饭，难道就没有好一点的解决办法吗？

方法是有的，这需要父母们多了解一些饮食方面的知识，既能让孩子吃得安全健康，又不会打乱曾经的计划和习惯。

明诏是小学四年级的一名学生，以前他中午不回家时，都是在学校食堂吃午饭。可最近学校食堂进行加固和装修，他和其他孩子一样，也只能回家吃午饭，或者带饭来学校。

这一天，妈妈做了明诏最爱吃的糖醋松鼠鱼和鱼香肉丝。像往常一样，妈妈在头一天晚上做好并晾凉了之后放进冰箱,第二天早上给明诏装入饭盒。

明诏太喜欢吃这两样菜了,就让妈妈多装一些。妈妈也没拒绝,认为儿子能吃是好事,于是就装了满满一大饭盒。

由于妈妈装得菜和饭太多了,以至于明诏当天中午都没有吃完。

明诏没有把剩下的菜扔掉,而是让它们继续待在饭盒里,第二天中午又拿出来吃。

吃完饭不到一个小时,明诏就出现了恶心、呕吐、头晕、乏力等不适症状。班上的同学陪他一起到学校医务室找校医诊治。

校医听了明诏的情况后,基本断定是由于吃隔夜饭导致的亚硝酸盐中毒。因为隔夜菜受到了食用时的污染,又在常温下存了一段时间,那么菜中的微生物含量较高,食用不当就会影响健康。

看完这个事例,作为父母的我们也要跟着长教训,不但我们尽量不给孩子吃隔夜饭,而且还要告诉孩子自己也要注意饮食安全和卫生,让他们自觉记住:哪些饭是可以吃的,哪些是不可以吃的。

安全指南针

1. 科学选择为孩子所带的饭菜

隔夜饭并非绝对不能吃,而是要吃得安全,吃得科学。简单来说,我们可以给孩子准备这样一些蔬菜和主食,比如素菜以茄类、薯类、茎类及豆芽、豆腐、豆皮等豆制品为主,荤菜选择蛋类、猪肉、鸡肉、牛肉等,至于绿叶菜、凉拌菜和海鲜类食物,我们还是不要给孩子携带为好。

2. 尽可能缩短饭菜在常温下的保存时间

在把需要给孩子带的饭菜做好之后,先在常温下晾凉,然后尽快放进冰箱。这样可以减慢菜中细菌生长繁殖的速度。另外,我们要提醒孩子,等下顿再吃的时候,必须加热,因为有些致病细菌虽不会导致食物变质,但能致人生病。加热食物的话,能够杀灭食品中大部分的微生物。

3. 吃隔夜饭出现危险怎么办

有时候,孩子因为不了解饭菜的具体情况,导致误食了隔夜饭,并出现了不适症状。遇到这种情况怎么办呢?首先,要用手指压住舌根使自己呕吐；其次，在医生指导下，口服或肌肉注射氯霉素、庆大霉素；还有一种办法是口服藿香正气丸或煎服30克甘草；如果出现严重腹泻，要尽快住院治疗。

PART 6

等孩子学会这些，再放他出去“闯”

——培养孩子的交通安全意识

交通事故是发生在我们周围最为常见也是最为惨烈的事故类型之一。上学、游玩，都免不了投入到滚滚人潮和车流中去。为了避免让孩子发生交通意外，那么事先教给他一些相应的知识显得至关重要。

没车就可以横穿马路了吗

提炼关键词

红灯　过街天桥　交通标志　慢行

安全大讲堂

在孩子牙牙学语的时候，父母和老师就会教给他们“红灯停，绿灯行，黄灯亮了要慢行”的儿歌。可是，有些家长说一套做一套，教孩子注意交通安全，自己却不能以身作则。横穿马路时，只要看左右方向行驶的车辆很少或者没有，不管是红灯还是黄灯，就随意横穿。

不难想象，这种做法被孩子看到眼里，就容易模仿。当他们自己横穿马路时，也就不会有好的交通习惯了。如此一来，发生交通危险的概率就高出很多。

所以，要想保证孩子的交通安全，父母们不仅要教给孩子如何遵守交通规则，还要以身作则，给孩子做一个遵守交通规则，不随意横穿马路的好榜样。

自从上了初中之后，穗穗便不用家人接送了，独自一人乘坐公交车上下学。一个学期下来，穗穗都能够做到严格遵守交通规则，平安回家、顺利到校。这让爸爸妈妈很是欣慰。

过年的时候，一个相熟的邻居来穗穗家串门儿，大人们聊起接送孩子上学的事。穗穗的父母说穗穗已经不用接送了，而且自己也能够遵守交通规则，在路上不管是步行还是乘车，都很谨慎，这让大人省心不少。

邻居听了，非常羡慕。因为他们家的儿子闹闹都上初二了，还得由爷爷每天接送，因为他太不懂得遵守交通规则。春节后，爷爷要回老家去待段时间，闹闹的爸爸妈妈正为儿子上下学的事情发愁呢。他们俩都没时间接送，一时半会又找不到合适的人。当听说穗穗能够独自上下学后，他们表示，希望闹闹能跟着穗穗一起上下学，这样大人也不必接送了，还放心一些。

就这样，春节后，闹闹就和穗穗一起乘坐公交车上下学了。才一起走了没几天，穗穗就和爸爸妈妈反映，闹闹真是太不懂得遵守交通规则了，过马路的时候，只要两边没车或者车特少，他就横穿马路，根本不管红灯、黄灯。

穗穗的父母觉得，还是有必要将这种情况告诉闹闹的父母，以免出了事可就晚了。

闹闹的父母听后，不住地摇头并叹气道：这孩子，什么时候能不乱穿马路呀！

如果你的孩子像穗穗这样，你也会感到欣慰吧！相反，如果你的孩子像闹闹那样，你一定也会感到无奈和不安了。一个不遵守交通规则的孩子，暂且不说其行为是否正确，单单安全方面，就够让人提心吊胆的。这样的孩子，怎么能让家长放心得下！这样的孩子，又怎么能够保护好自己的安全！

交管部门有过统计，在儿童交通事故中，约半数是因儿童自身违法行为引起的，而且以中午和下午放学时段为事故的高发时段。

由此看来，作为家长，我们非常有必要教育、引导并监督孩子遵守交通规则，不要乱闯红灯，不要乱穿马路。因为，健康和生命，都不是闹着玩的！

安全指南针

1. 过马路一定要走人行横道或过街天桥

在交通路口，通常都有黑白相间的"斑马线"，这是人行横道，也是行人享有"先行权"的安全地带。在这种地方，机动车要减慢行驶速度，司机也会注意行人的动态。

另外，过街天桥也是穿越马路的一个渠道，这是不受红绿灯的限制，只是步行的距离要多出一些，时间也要比直接穿马路要久一点。

所以，我们一定要嘱咐孩子，过马路的时候一定要走人行横道和过街天桥，而且在行进过程中，要提高警觉，注意两边的车辆和行人，也不要东张西望，做出危险举动。

2. 告诉孩子几个重要的交通标志

如果不接受父母和老师的教导，孩子自己不会懂得交通规则。作为家长，有责任，也有义务帮助孩子学会遵守交通规则。其中，很重要的一点，就是让孩子学会认识交通标志。在此，我们总结了下面几点，以供家长们参考：

(1)红色系的为禁止标志，表示禁止或限制车辆、行人通行的标志。作为家长，一定要告诉孩子，并让孩子牢牢记住，一个小黑人身上画一道红杠是禁止行人通行的意思。如果孩子看到了该标志，却不明白标志的意义，那么就不会停下来，这样就难免会发生意外了。

(2)黄色系的为警告标志，它是用来警告车辆和行人注意危险地点的标志。为了便于孩子记住，家长可以手工制作几张彩色的交通标志卡片，时不时拿出来教孩子辨认，并让孩子说出它们所代表的意义，这样会更有利于孩子加深记忆和增强理解。

(3)蓝色系的为指示标志，它们是指示车辆、行人行进的标志。特别是人行横道标志，家长一定要让孩子记牢固，不要发生孩子因为找不到人行横道而焦虑、哭泣的情况。

自行车也要遵守交通规则

提炼关键词

主力军　减速　安全距离　规则

安全大讲堂

尽管公交车、私家车越来越多，是大多数人出行的交通工具。但是，自行车在很多地方依然是交通的“主力军”。特别是一些高年级的孩子，上下学基本都是自己骑自行车。

但是，对于骑自行车，很多人包括很多家长并不了解其危险性，也不注意骑自行车需要遵守的交通规则。所以，在这方面，家长告诉孩子的至多是路上慢点骑，看着来往车辆和行人，其他的也就无从谈起了。

在此，我们为家长们“普普法”。单说年龄方面，我国交通法就有这样的规定:未满12周岁的儿童,不能在道路上骑自行车、三轮车。一般来说,小学阶段的孩子还达不到这个年龄段,可一些家长却不以为然,觉得孩子车技不错了,就无所顾忌地让孩子上马路。

还有一些孩子,仗着自己胆子大、技术好,就在马路上故意横冲直撞,或者和同伴进行比赛。这样做都是非常危险的。如果家长没有适时地给孩子引导和教育,那么到头来发生了危险,伤害了身体,就后悔莫及了。

匆匆小朋友是一个活泼好动、有着较强运动能力的小男孩。自从学会了骑自行车,说什么都不让家长接送上下学了。和匆匆从小就在一起玩的伙伴涔涔也是如此。由于两家住在同一个小区,而且是上下楼,家长们认为俩孩子做伴应该没什么问题。

于是,两个孩子每天都结伴同行。一开始的几天,匆匆和涔涔还都比较"规矩",骑车的时候都能够严格遵守交通规则,不跟别人抢路,不闯红灯,在人多的地方两个人还自动靠边一点。

可是没过几天,他们就开始"放肆"起来,那股子调皮劲儿暴露无遗。这不,因为两个人故意骑"牛八怪",撞到了路边的电线杆上,匆匆的头上给撞出一个大包,涔涔因为紧跟在后面自行车也歪倒了,摔在地上,磕破了好几处。

年龄超过12岁,并且有不错的骑车技术的话,孩子是可以自己骑车上下学的。但是,这仅仅是"硬件"条件具备了,要想让孩子骑行安全,我们还要让他们懂得骑自行车过程中需要遵守的交通规则。比如:骑车避免上马路,不许撒把与攀扶。大胆追逐危险多,人多转弯要减速。这是中国人民公安大学教授王大伟先生编写的一首骑车安全歌。家长们不妨将这几句话时常说给孩子听哦!

安全指南针

1. 骑自行车应注意遵守的相关交通规定

(1)不准闯红灯。

(2)与前面行驶的车辆保持安全距离。

(3)交通阻塞时不得在机动车辆之间穿梭。

(4)超越前车时不得妨碍被超车的行驶。

(5)不得在机动车道上停车滞留。

(6)转弯前应当减速慢行,向后观望,伸手示意,不得突然猛拐。

(7)通过陡坡或者途中车闸失效时,应下车推行。

(8)不得双手离把、攀扶其他车辆或者手中持物。

(9)不得扶身并行、互相追逐或者曲折竞驶。

(10)不得牵引车辆或者被其他车辆牵引。

(11)不得在道路上学习驾驶自行车。

2. 人需要体检,自行车也需要安检

为了及早预防和治疗疾病,作为人的我们通常会定时体检。其实自行车也一样,它也需要做“体检”,我们称之为安检。这就要求家长记得适时提醒孩子,如果发现自行车“病情”,那么就赶紧给它治“病”,等好了再骑。

骑摩托车可不是闹着玩的

提炼关键词

防滑　刺激性　溺水　自觉防范

安全大讲堂

在我国很多农村地区,摩托车是人们除了自行车之外主要的交通工具。它速度比自行车快,价格又远低于汽车,所以多年以来摩托车深受城乡人民的青睐。

可是,由于这些地区交通管制不严,购买和骑行摩托车都没有任何限制,这便导致很多孩子也加入了骑摩托车的大军。

却不知摩托车的稳定性是比较差的,再加上骑车水平不高的话,将非常容易发生危险。

家住北京郊县密云的一位农村男孩李松,就因为骑摩托车摔伤而休学了一年，直到前不久刚刚能来学校上课。根据他的实际情况，学校让他留级一年。

每当和别人讲起自己骑摩托车受伤的故事，李松都显得后悔不迭。

去年年初，李松以优异的成绩考入了初中，爸爸为了奖励他，便买了一辆摩托车，让他在课余时间骑着玩。

李松从小就对各种车感兴趣，他理想的目标是将来能有一辆"路虎"。不过，现在年纪还这么小，就有了一辆不错的摩托车，也足够神气了。于是，他经常骑上摩托车，像一阵风似的穿梭在大街小巷。这让周围熟悉李松的同学和伙伴们可羡慕极了。

这一天，是个周末，李松又像往常的休息日一样，开着自己的摩托车，带上自己的好朋友郭志到密云水库去钓鱼。由于离家不是太远，李松骑得又快，所以不一会儿，俩人就来到了水库附近。可是，这天由于天气好，而且是周末，所以前来游玩的人特别多，很多车都堵在了路上，半天也动不了。

这可让李松不耐烦了。他心想，你们这些轿车堵着吧，看我摩托车的威风。想到这里，李松便驾驶着摩托车穿梭在一辆辆轿车的缝隙里。就在李松得意洋洋地往前行进的过程中，忽然在一个转角处钻出来一辆"标致307"。情急之下，李松赶紧踩刹车。可让他万万没想到的是，因为太过惊慌，刹车踩成了油门。刹那间，摩托车和"标致"便撞到了一起。李松和郭志双双从摩托车上跌落下来。

标致车主赶紧下车，将李松和郭志扶起来，见两人因为头盔的保护头部都没有受伤，但是李松的一条腿却站不起来了。

事后，经医生诊断，李松左小腿造成了粉碎性骨折。之后的两个多月，李松便在医院的病床上度过了。他出院之后，也不能独立行走，按照医生的叮嘱，在家休养了一年才重新回到学校上学。

李松的教训是惨痛的。可见，摩托车这个在很多孩子看来"潇洒"的玩意儿，其危险性还是非常大的。尤其像李松这样刚刚上初中的孩子，冒冒失失，反应又没有大人那么机敏，所以就更容易出事故了。

因此，为了保护好孩子的安全，父母们还是不要让孩子过早地骑摩托车，甚至连乘坐也不要乘坐。如果实在有必要乘坐，那么也一定要让孩子戴好头盔，以防万一。

安全指南针

1. 低于18岁的孩子不要骑摩托车

即使在交通管制不严格的地区，为了孩子的安全考虑，家长也要坚决制止18岁以下的孩子骑摩托车。即使孩子在生活中学会了骑摩托车，甚至他的“驾驶”技术很不错，父母也要把好关，不要让孩子骑摩托车。

2. 骑摩托车需要注意的安全事项

(1)驾驶摩托车，一定要戴好头盔，并养成前后轮同时刹车的习惯，而且要注意用力适当。

(2)经过路口的时候，要提前观察周遭情况，看看路两边的行人或者车辆是否有突然冒出来的可能。同时需要注意的是，行车路线要与路口保持一段距离。这样即便万一有车出来，也能让自己有个反应的时间。

(3)在驾驶摩托车的过程中，要保持双臂放松，不能用力压在车把上，这样操控车子才灵活。

(4)转弯的时候，身体重量尽量放在臀部，这样才好操控车子。

孩子最好不要骑三轮车

提炼关键词

三蹦子　侧翻　红灯停　禁止

安全大讲堂

三轮车还有个俗名，叫“三蹦子”。三轮车既有自行车的轻便、经济，又比自行车多出不少的装载能力，所以它受到很多农民的青睐。

如今，不光农村，城市里也不乏三轮车的身影。拿北京来说，在近郊区县的一些居民小区门口或者地铁口，常会有一些“三蹦子”运送客人。由于比正规出租车便宜很多，所以很多人会选择乘坐三轮车。

但是，我们也会注意到，三轮车发生事故的现象非常多，时不时就会有三轮车人仰马翻地栽倒在马路上。

之所以如此，一方面是由于车主为了节约时间而多拉乘客，在骑行的过程中无视交通规则，见缝便钻，也不管红灯停绿灯行。

不过总的来看，城市里骑乘三轮车的基本都是成年人。而农村则有不少孩子骑三轮车，这对孩子来说，危险便又多了一重。

齐齐的爷爷为了带齐齐的奶奶上街方便，就买了一辆人力三轮车。周末的一天，齐齐来爷爷家玩，看到爷爷的三轮车后，觉得很好奇，他还从来没坐过，更别说骑了。于是，齐齐非要上去骑一下。

爷爷不同意，对孙子说："你还小，三轮车可不是那么好骑的。你还是学习骑自行车吧！"齐齐说："爷爷，我的自行车骑得好着呢，我想骑三轮车更不成问题了。"

见孙子执意要骑，爷爷便只好答应了。不过，爷爷说，只能在自己家院子里骑一小会，而且一定要齐齐的爸爸在旁边照看着。

就这样，齐齐开开心心地上了三轮车，爸爸也在旁边照看。齐齐上车之后，才发现三轮车并没有想象中那么好骑，比自行车要吃力很多。齐齐又琢磨，是不是场地太小的缘故，也许到大马路上就好很多了。于是，齐齐便趁爷爷去超市买东西的工夫，央求爸爸要带自己去马路上骑三轮车。

爸爸一向娇惯齐齐，听儿子这么一说，他很痛快地就答应了。父子俩来到了马路上，齐齐发现即使在马路上骑三轮车也不那么容易。骑了好一会，齐齐才摸到点门道，掌握了一些驾驭三轮车的本领。爸爸见儿子进步很快，也就大胆地放手，只远远地看着，而不是在近旁照顾。

谁知，就在齐齐骑到几十米外要往回拐弯的时候，三轮车一下子侧翻过来，齐齐也被甩到了地上，疼得齐齐龇牙咧嘴，眼泪都流下来了。

齐齐因为好奇而骑三轮车，不慎侧翻，并受了伤。虽说很大程度上，应该怪齐齐的爸爸没有在近旁照看；但我们更应该认识到，三轮车这个交通工具并不那么容易掌握，至少不像自行车那么简单。在骑行的过程中，孩子很容易因为掌握不好力度、方向等原因而发生意外。

所以，我们奉劝各位家长，最好还是别让孩子骑三轮车，最好也不要乘坐三轮车。试问，还有什么比孩子的安全更重要的事吗？

安全指南针

1. 禁止孩子骑三轮车

有的家长认识不到三轮车的危险性，也或者是出于宠爱孩子的心理，当孩子对三轮车感到好奇，要求骑一下的时候，大人并不告诉孩子其中的利害，便答应孩子随意为之。就像上面案例中的齐齐爸在这方面就不负责任。如果他及时制止孩子去马路上骑三轮车的行为，那么孩子也不至于摔伤了。因此，为了孩子的身体安全，家长们最好严禁孩子骑三轮车。

2. 不要乘坐电动三轮车

很多人认为乘坐三轮车发生事故的概率并不大，所以为了方便和实惠，他们依然会选择乘坐三轮出租车，有的甚至还抱着孩子一起乘坐。

岂不知，这样不但自身不安全，而且也会给孩子带来较大的风险。我们不要忽视多数三轮车根本不遵守交通规则，有时候为了避让，三轮车很容易和行人、轿车等撞到一起，也很容易侧翻。所以，为了安全考虑，还是杜绝孩子乘坐三轮车！就连成年人最好也不要乘坐三轮车。

轿车里可不是游乐场

提炼关键词

焦头烂额　警告　做游戏　安全带　副驾驶

安全大讲堂

一部名为《绝望的主妇》的美剧里头有一组镜头，描述的是几个孩子坐在妈妈的车里，不停地打闹，搞得妈妈焦头烂额。妈妈制止他们无效，后来还是被交通警察发现给予了警告。

其实，不管是在美国还是在我们中国，孩子乘坐轿车的时候，是万万不可以把轿车的室内空间当作“游乐场”的，甚至不系安全带随便乱动都是非常危险的。

新的交通法出台后，关于司机驾车及乘车等方面都有了更加严格的规定。凡此种种，无不是为了维护好人们的安全，让人身所受伤害的几率降到最低限度。

由于孩子天生活泼好动，安全意识又不强，所以他们更需要加强交通安全意识的培养。这一点，就需要爸爸妈妈们多下功夫！

周末的一天，家住北京海淀区的王燕带着8岁的女儿淘淘去房山区的十渡景区游玩。淘淘头天晚上没睡太好，上了车之后一直哼唧。妈妈安抚了她几句，又给她拿了零食，淘淘这才平静下来。

可是，到了南四环，接上姑姑和姑姑家的表弟尹铎后，两个孩子开始在车上闹腾起来。起初，坐在前面开车的王燕和小姑子杨菲制止了俩孩子的行为。可没过多久，淘淘和尹铎就又你推我一下，我蹭你一下地打闹起来。

两位妈妈一看，这样下去太危险了，得好好教育一下这俩孩子。王燕将车开到路边，停了下来，并打开后车门请两位"祖宗"下车。俩孩子不明就里，不知道妈妈们是搞什么名堂，明明还没到目的地却让他们下车。但看着家长一脸严肃，淘淘和尹铎也只好乖乖地从车上下来。

下车后，他们被妈妈们带到路边的一个阴凉处。王燕说道："你们这样在车里打闹，是非常危险的，轻则受伤，重则送命。我是不敢带你们俩继续走了，你们自己想办法回家吧！"淘淘还从没见妈妈这样严厉过，顿时就吓傻了。尹铎也被妈妈训斥了一番。俩孩子心想，看来妈妈们是真生气了，我们这样做是真的很危险。

随后，俩孩子乖乖地承认了错误，保证上车后乖乖系上安全带好好坐着，以后坐车也好好坐着，永远记住安全第一。

看到两个孩子真的认识到了错误，两个妈妈也就原谅了他们。于是，4个人重新上车，一路顺利地开向十渡景区。

王燕和杨菲在用语言教育无效的情况下，拿出了"真刀实枪"，最终使两个孩子真正意识到了他们的行为的危险性。试想，如果两个妈妈不这样"动真格的"，也许俩孩子还要继续在车里调皮，当发生危险再后悔都来不及了。

因此我们建议，每一个家长都要像故事中的两位妈妈一样，在孩子的安全问题上一点都不能大意。家长们请铭记这样一句话：你的谨慎和防范，就是对孩子安全的最好保障。

安全指南针

1. 严禁孩子在车里做游戏

有的家长自身安全意识不强，任由孩子在后座独自玩耍，却不知这是非常危险的。因为车子在行驶过程中，会出现颠簸，如果孩子撞到车内硬物很容易受伤。所以，家长一定不要让孩子在车里做游戏。

2. 不要让孩子坐在副驾驶的位置上

在美国，孩子坐在副驾驶的位置上是违反交通法规的。现在，我们国家在这方面也有了相应的规定。因为孩子活泼好动，如果坐在副驾驶的位置上，很可能把汽车中控台、排挡杆等都当做好玩的“玩具”，这是很容易酿成事故的。曾经在我国华东某市，就发生过一起8岁男孩坐在副驾驶位置导致安全气囊弹出，并致死亡的事故。

因此，为了孩子的安全和一家人的幸福，父母们还是让孩子坐在和司机斜对角的位置吧！

3. 儿童不应使用成人安全带

如今，已经有越来越多的国家制定了强制使用儿童安全座椅的法律法规，甚至对儿童使用安全座椅的年龄都有明确限制。在德国、日本等国家，要求儿童安全座椅要使用到12岁；瑞典要求7岁以下的儿童在乘车时，车上要备有保护儿童安全的装置；在美国，法律规定的年龄为4岁以下。

你的孩子会乘坐公共汽车吗

提炼关键词

擦伤　上下车　站台　防范坏人

安全大讲堂

除了前面说到的自行车、轿车，对孩子们来讲，还有一样交通工具非常普遍，那就是公交车。

公交车是城市中非常重要的公共交通工具，在一线大城市，每天有成千上万辆公交车载着数以百万计的人们出行，可以说功不可没！对于乘坐公交车，父母们都觉得这是非常简单的事情，到站台候车，车来了上车，车到站下车。

说起来是如此简单，但实际上乘坐公交车也是有一定“学问”的。如果父母们没有及早告诉孩子，有可能会让孩子乘坐公交车时发生危险的概率增大哦！

看看那些因为坐公交车而出现危险的报道，我们就应该高度重视起来。有媒体报道，天津的一位名叫阔阔的男孩因为乘公交车时和同伴打闹，在经过一处正在修缮的马路旁时，随着车辆猛得一颤，阔阔一下子摔倒在车厢里，身体受了伤。还有一位南方的小学生，在夏天乘坐公交车时，由于嫌太热，而把胳膊伸出车窗外，结果被对面驶来的汽车给擦伤，手指及腕部都受到重伤。

由此可见，乘坐公交车绝非我们想象得那么简单，想要孩子保护好自身安全，我们还是应该多给孩子讲一些乘坐公交车需要遵守的规范。这样，孩子的安全系数才会增大。

琤琤一向是个独立的孩子，这离不开爸爸妈妈从小对他的良好教育。在其他孩子还由父母接送上下学的三四年级阶段，琤琤就开始独自乘坐公交车上下学了。

在这之前，琤琤的妈妈就多次给他讲过乘坐公交车需要注意的事项，比如：站在站台上的时候，不要和伙伴打闹，也不要光顾说话而不注意来往的车辆；上车之后，如果人多，就尽量往下车门的方向走一下，这样等下车的时候就方便一些；在车上，如果有抱小孩的乘客或者老年人，要给他们让座，因为他们更容易出危险……诸如此类的乘坐公交车需要注意的事项，妈妈都事无巨细地一一告诉了琤琤。琤琤都铭记在心。此外，妈妈还特意带着琤琤一起乘坐公交车，通过具体实践的方式来让儿子知道，乘坐公交车需要注意的安全事项。

现在琤琤都上初二了，依然每天自己乘坐公交车，从没让爸爸妈妈开车接送过。更值得说的是，琤琤这几年独自乘坐公交车，一次危险都没有发生过。这让爸爸妈妈感到非常欣慰。

琤琤在十岁左右的年龄就可以独自乘坐公交车上下学，而且还能几年如一日安全乘坐，和他父母对他的教育是密不可分的。试想，如果之前没有妈妈的点滴教导，也没有妈妈和琤琤专门乘坐公交车来进行"学习和实践"的演练，或许琤琤也会因为不懂得乘坐规则而发生危险。

因此说来，父母在其中的作用是非常大的。换句话说，要想让你的孩子平安乘坐公交车，你就一定要像事例中的琤琤妈妈那样给孩子适当的教育和引导，最好也要带孩子亲自体验。这样，对他乘坐公交过程中的安全就会多一层保障。

安全指南针

1. 乘坐公交车需要做的准备

现在有一些城市乘坐公交车采取刷公交卡的方式，操作方便。但还有一些城市采用上车购票的方式。如果是前一种，我们应该让孩子把公交卡放在容易拿放的地方，比如衣服的口袋或者书包的外侧口袋等，但要提醒孩子注意保管，不要丢失或者被人偷去。如果是采用购票方式，那么就要让孩子养成提前准备好零钱的习惯，这样上车买票就方便多了。

另外，需要注意的就是在等候公交车进站的时候，不要在车道（包括机动车道、非机动车道）上候车，而应在站台和指定地点等候车辆，确保自身安全。

2. 乘坐及上下车的过程中需要注意的问题

孩子活泼好动，自控能力不强。这就需要父母多给孩子讲一下乘坐过程及上下车时需要注意的事项。比如在乘坐时一定要坐稳扶好，如果车上没有座位，就要双脚自然分开，侧向站立，握紧扶手，以免刹车时摔倒受伤；在上下车的时候不要莽撞、争抢，而应等车辆停稳，先下后上，排队上车；坐在座位上时，要精神集中，双手扶住前排座位上的椅背，以免车子刹车人体向前倾时，头和脸碰撞前排椅背等；乘坐公交车的过程中，也不要将头、手、胳膊等身体部位伸出车窗外，以免被对面来车或路边树木等碰伤；在车上的时候，要注意爱护卫生，不要随地乱丢垃圾，也不要朝窗外乱扔杂物，这些都是不文明的行为；在车辆行驶的过程中，不与驾驶员闲谈，不实施妨害驾驶员安全操作的行为。

3. 教导孩子需要防范坏人

公交车上人多，而且流动性很大。这也使得一些歹徒看准了这一点而专门在公交车上作案，主要是偷窃财物。为了避免孩子遭遇这种不测，父母也要多教给孩子一些相应的防范措施。比如夜间等车、下车要尽量避开荒凉地点，以免给歹徒可乘之机；上下公交车时，如遇有人故意推挤和借机靠近，一定要注意防范；乘公交车时，应将皮包和贵重物品放在身前或自己视线范围内，以防歹徒趁乱扒窃；车上若遇陌生人搭讪，应避免谈论家中经济、财务状况及生活作息等；乘车的时候要注意保管好衣兜、背包、腰包、手提袋内物品；不得闷头睡觉，不接受陌生人烟酒、饮料和糖果等，以免受害；当自己或者其他乘客财物被盗后，一面要注意身边的乘客，一面要通知司机紧闭车门，并赶紧拨打110向公安机关报警；一旦在车上遭遇性骚扰，一定要大声呼救求援。

告诉孩子怎么乘坐“小火车（地铁）”

提炼关键词

地铁　单一路网　奔跑　翻越闸机

安全大讲堂

孩子们大多坐过火车，去外地探亲或者旅行，火车都是一种非常便利、也相对安全的交通工具。关于乘坐火车的安全事项，并不是我们这一节内容所要讲的，这节内容我们要讲一讲火车的“弟弟”——有着“小火车”之称的地铁。

随着城市建设的不断发展，地铁已经成为包括北京、上海等一些大城市的主要公共交通工具。单就北京来说，有十几条地铁线纵横交错在整座城市的地下或者地上，每天运送乘客几百万甚至上千万人次。

不敢想象，如果北京没有了地铁，将会给人们的出行带来多大的困扰！之所以有如此多的人喜欢乘坐地铁，主要还是因为地铁是单一路网，不会发生堵车现象；地铁运行比较平稳，而且价格也实惠。综合种种因素，地铁成了人们出行便捷、实惠的主要交通工具。

虽然乘坐地铁有诸多好处，但我们也应该知道，任何交通工具都没有百分之百的安全性，尤其是地铁这种交通工具，处在一个封闭的空间里，一旦发生紧急情况，应对起来要比地面上的交通麻烦很多。因此，这还需要父母多教导孩子，使其了解乘坐地铁时需要注意的事项，确保孩子的人身安全。

一次，家住北京的15岁的薇薇和姑姑一起乘坐地铁，她们要从通州乘坐八通线，然后倒地铁一号线前去玉渊潭公园观赏樱花。

由于当天是周末，车上的人比较少，姑侄二人很顺利地上了车，并找到了座位坐下。地铁行驶到管庄站的时候，上来一位抱着孩子的奶奶。懂事的薇薇赶紧站起身来，把座位让给老人坐。

姑姑让薇薇坐自己的座位，薇薇坚持不坐，就这样一直站着。

很快，地铁就要开到第一个换乘站四惠东了。薇薇也做好了下车准备，一旁的姑姑还提醒她抓好扶手。可是，薇薇却不知道在想什么愣神了，根本没把姑姑的话听进耳朵里去。结果脚下没站好，一不小心整个身体撞到了旁边的不锈钢杆上，更不妙的是，惊慌失措加上脚下不稳，紧接着薇薇又朝旁边座位上的一位乘客倒去。最终搞得非常狼狈，那个乘客也嘟嘟囔囔地表示着不满……

看起来稳当的地铁，如果身体掌握不好平衡，也是很容易出危险的。事例中的薇薇就因为不留神而发生了小小的“事故”。

看完这个事例，我们首先想到的可能是薇薇的马虎大意，但仔细想想，是不是和其父母没有给予及时的教育和引导有关呢？和乘坐其他交通工具一样，乘坐地铁也有乘坐地铁的规则，如果像薇薇这样，就很容易发生危险，闹不好还会受重伤，甚至丢掉性命。

安全指南针

1. 乘坐地铁一般安全常识

(1)让孩子留意车站及列车导向标志。

(2)车站内的广播要注意听,并遵守指示。

(3)在进、出站的时候,要正确使用闸机,不要争抢,等前面的乘客通过及闸机关闭后方可使用。

(4)候车时要在安全线以外,先下后上,上下车时不要拥挤。

(5)给需要帮助的乘客让座位。

(6)注意听列车的广播,下车提前做好准备。

(7)按照提示,正确使用安全及应急设施。

(8)一旦发生紧急情况,不要慌张,而应立即通知车站工作人员。

2. 在地铁范围内,不要做的事

(1)不要奔跑、嬉戏,不要翻越闸机和栏杆。

(2)不要进入地铁隧道、高架线路等非公众区域。

(3)不要携带下列物品,如过大的物件或货物;宠物及其他禽畜;危险品如烟花、鞭炮、油漆、酒精等。

3. 如遇地铁停电需要注意的几点事项

一般情况下,地铁都能够正常行驶,但也不排除极个别情况下出现故障。地铁停电就是比较常见的一种故障。遇到这种情况,孩子该怎么应对呢?

(1)不要打砸车门、车窗,而应该等待工作人员,相信他们会打开指定的车门、车窗,并引领乘客从指定的地点向外撤离。

(2)告诉孩子发生停电的故障后,不用担心在隧道里行走看不清路。因为地铁一旦停电,除了引路的工作人员,每隔一段路还会有工作人员手执照明灯为乘客引路。如果自己身上带有手机等物品也可以取光照明。

(3)不用担心地铁车厢里由于人口密集而出现呼吸困难。因为地铁迫停隧道内时,地铁调度人员会及时开启隧道通风系统。

(4)千万不要直接跳到隧道里。因为列车距离地面有一两米的距离,而且地面情况复杂,一旦跳下去很可能造成崴脚或者其他危险,反而导致局面混乱不堪。

(5)嘱咐孩子一定不要盲目乱跑。站台的容量足够乘客安全有序地撤离。

(6)在没有其他意外发生的情况下，地铁停电时一般不要拉动报警装置。

(7)告诉孩子在隧道内行走时需要注意脚下，以免摔伤或者被障碍物碰伤。

(8)如果在疏散过程中受伤，就要及时与抢险队员取得联系，等候救治。

让孩子知道怎样坐火车去旅行

提炼关键词

旅行　闽南语　紧急刹车　行为规范

安全大讲堂

“想欲予阮(想要给我们这些)出外的人飞向一个繁华世界，一站一站过过停停男儿的天外天；想欲予阮思念的人看着阮的苦恋心情一步一步摇摇摆摆故乡的田边……”这首用闽南语唱出来的关于火车的歌，或许有一些家长朋友曾经听过，甚至唱过。歌声中道出了当时火车带给人的畅快与惬意。

其实，时至今日，火车作为重要交通工具的魅力依然不减。尤其是近几年高铁的兴起，更是让火车给人们的出行带来了更多的方便和安适。

尽管如此，并不是说火车就绝对安全，可以让我们完全放心了。事实上，任何一种交通工具都存在一定的危险性。看看近些年来令人触目惊心的火车事故，我们就更能够意识到，乘坐火车出行同样需要掌握一些安全知识。

事故一:2005年7月31日19时52分，由西安开往长春的K127次旅客列车行至长大线新城子——新台子间，因电缆盒被盗，造成信号机非正常显示，担任K127次旅客列车牵引任务的机车乘务员未及时采取停车措施，致使列车与前行的33219次货物列车发生追尾，中断行车。另据铁道部核实，此次事故造成5名旅客死亡,30名旅客受伤。

事故二:2006年4月11日9时32分,南昌铁路局南昌机务段DF11319号机车担当的青岛开往广州东的T159次列车,行至广铁集团管内京九下行线林寨站至东水站间,在信号故障情况下,司机个人认为防护区间没有列车,盲目行车,以48公里的较快时速,撞上正在停靠的武昌开往汕头的1017次列车,导致1017次列车最后4节车厢脱轨。当时,T159次第二司机在睡觉,没有执行在故障情况下必须双司机值乘的规定。事故造成2名铁路职工当场死亡,18名旅客受伤,构成重大事故。

事故三:2007年2月28日2时05分,由乌鲁木齐开往新疆南部城市阿克苏的5807次列车运行至南疆铁路珍珠泉至红山渠站间42公里+300米处时,因瞬间大风造成该次列车机后9至19位车辆脱轨,造成3名旅客死亡,2名旅客重伤,32名旅客轻伤,南疆铁路被迫中断行车。

事故四:2009年7月27日凌晨4点22分,焦柳线广西境内古砦至寨隆间,因连日持续强降雨造成山体崩塌掩埋线路,1473次列车机车及机后一至四位车辆脱轨。4名旅客死亡,50余名旅客受伤,焦柳线中断行车。

事故五:2010年5月23日2时10分,因连日降雨造成山体滑坡掩埋线路,由上海南开往桂林的K859次(编组17辆)旅客列车,运行至江西省境内沪昆铁路余江至东乡间(K699+700米处),发生脱线事故,死亡19人,另有71人受伤接受治疗,其中重伤11人,轻伤60人。

事故六:2011年7月23日20时34分,温州双屿路段发生D3115次与D301次列车6节车厢脱轨事故,共造成200多人死伤。

诸多的火车事故一次次地给人们敲响了警钟,这一相对来讲要安全很多的交通工具同样存在着一定的事故发生的可能。所以,要想尽可能避免遭遇伤害,我们还是从自身做起,让我们的孩子学会趋利避害,能够安全、顺畅地坐着火车去"旅行"。

安全指南针

1. 告诉孩子上下火车时需要注意的事项

火车在设计时,其实都已经考虑到了乘客上下车的方便及安全问题。一般情况下,乘客上下车不会发生什么危险。之所以会发生一些事故,是因为这样几点原因:一是人多拥挤,抢上抢下,火车还没有停稳就争抢着下,火车都启动了还争着上;二是从车窗爬进爬出等。这些行为都违反了列车上下车的安全要求。而这些因素也是导致乘坐火车旅行最容易发生意外的环节。

2. 让孩子知道在车厢内应该遵守的行为规范

火车的车厢里,一般来讲是不存在危险因素的。但是在两节车厢相交的地方则有着较大的危险。这是因为此处在列车运行中总处于不稳定状态,由于车体的震动和惯性撞击使相连的两节车厢时时处于上下错动、互相碰撞。如果乘客站立在这样的位置,那么就很可能伤及手、脚甚至受到更严重的伤害。

3. 火车紧急刹车时应该怎么做

在一些特殊情况下,火车需要紧急刹车。我们知道,火车这个庞然大物,运行时惯性是非常大的,一旦急刹车必然会产生很大的冲击力。这样,在车厢内的乘客就容易失去平衡,站着的人会碰撞,甚至跌倒,坐着和躺着的人也可能会身体前倾甚至跌落,还有的可能会被掉落下来的行李给砸伤等。

因此,我们应该提前告知孩子,当遇到火车紧急刹车的时候,要想办法坐好、站稳,用双手扶住车厢内牢固的地方,同时注意观察头顶上方有没有行李箱等,以免因为行李箱跌落而砸伤。

乘船出行需要注意些什么

提炼关键词

轮渡　妥善归置　救生衣　晕船

安全大讲堂

电影《泰坦尼克号》中所描绘的爱情故事深为观众所欣赏,而同样震撼人心的，还有这艘巨轮遭遇事故，一点点沉入海底的景象。

当然，我们或许不会乘坐那么大的客轮，即使乘坐轮船也未必会遭遇那种罕见的危险。但是，不管乘坐什么船只，也不管发生事故的可能性有多大，我们都有必要做到防患于未然，为的是一旦发生不测，可以让风险和伤害降到最低限度。

对很多孩子来说，似乎任何一种出行都充满着无限的魅力，而乘坐轮船或者小小的轮渡，都让他们跟随着船只离开陆地，在水波起伏的水面上航行，则更是乐趣无穷的事。只是，孩子们往往只顾了开心，而对于乘船过程中可能存在的风险一无所知。

这就要求家长们多做一些工作，让孩子了解相应的安全知识，使其出行更加安全、顺利。

媒体曾经报道，2002 年 5 月 4 日早上，一群女学生在伊朗德黑兰公园乘船玩耍时，不慎翻船，11 人丧生。据当地一家电台报道，这些女学生年龄都在 10 岁左右，大约 60 人分乘了两艘船在德黑兰公园的湖面上荡舟玩耍，谁知其中一艘船突然翻船，11 名女学生被溺死，另有 7 人被送往医院治疗。

另据报道，仅 2011 年国内外发生的乘船事故就多达数十起，在此我们列举几个有代表性的：

2011 年 1 月 2 日凌晨，一艘搭载 11 人的渔排工作小艇在广东郁南县西江河南江口航段水域翻沉，4 名落水人员获救，7 人失踪。

2011 年 3 月 16 日中午，山东烟台蓬莱海域"海阳 001"号采砂船翻沉，除 1 人获救外，其余 18 人全部失踪。

2011 年 9 月 9 日下午 3 时 20 分许，湖南邵阳塘田市镇夫夷河上一艘船号为"湘邵 0018"的客船严重超载，被滞留在河里采砂船的钢丝绳绊住，造成客船侧翻下沉，当时船上共有 50 人，其中 38 人获救，12 人死亡。

2011 年 10 月 12 日，柬埔寨暹粒省发生一起沉船事故，6 人遇难。

2011 年 11 月 6 日，一艘印度轮船由于天气原因在阿曼海域沉没。事故造成 4 名船员死亡，5 人失踪。

如此频发的水上交通事故或许令人难以置信，也许很多读者不禁会感叹：居然发生这么多乘船事故啊，真是可怕！事故固然可怕，但我们也不能因此就彻底放弃乘坐船只，再者说，哪一种交通工具会百分之百的安全呢！

所以说，最重要的，我们还是帮助孩子尽最大可能地做好防范，把危险降到最低，这样在面临同样危险的情况下，我们的孩子可能就会安全逃生，避免遭遇不测。

安全指南针

1. 告诉孩子乘船出行的基本注意事项

(1)乘船出行，特别是稍远一些的航行，需要多备一两件衣服。这是因为船在水上航行，温度较低，尤其是夜间温度会更低一些。

(2)乘船和乘坐其他交通工具一样，是严禁携带易燃易爆等危险品的。我们还要叮嘱孩子，当看到别人携带，也要进行劝阻或者向服务人员反映，以确保乘船人员的生命和财产安全。

(3)当登上船之后，要尽快熟悉船舱及周围的环境，找到自己的位置，然后妥善归置好行李。尤其要注意的是，牢记通向甲板的安全通道，以便在出现紧急情况时能够尽快疏散。

(4)告诉孩子，需要牢记救生衣、救生船、灭火器、灭火栓的所在位置及使用方法，以便一旦发生情况，能尽快使用。

(5)在航行的过程中，如果遇到大的风浪，会出现颠簸。我们要告诉孩子，此时不用惊慌，只需听从乘务人员的指挥，别乱跑，别大声喧哗就可以了。否则可能会因为混乱而使船体失去平衡，那样后果可就严重了。

(6)如果船上出现局部失火、漏水或者其他不安全迹象，要第一时间向船上的工作人员进行汇报，让他们积极采取补救措施。

(7)如果出现撞船、沉船等事故，要听从乘务人员的指导，和船上其他乘客团结一致，沉着应对危险局面。

(8)一旦发生严重事故需要乘客离船，一定要按照乘务人员的指挥，将救生衣穿好，并有秩序地乘坐救生船离开大船。这时候，一定不要争抢，否则乱作一团会耽误逃生中的宝贵时间。

2. 教孩子学会怎样防止晕船

有些孩子尤其是 3 ~ 12 岁的儿童，在乘车乘船时容易出现晕车、晕船现象。这时候，会给孩子带来很大的痛苦，大人们看着孩子恶心、呕吐、面色苍白的样子也会心疼不已。那么，为了防止孩子晕船和减轻晕船的痛苦，我们可以帮助孩子采取一些措施。在此,我们为大家列举一些,以供参考。

(1)嘱咐并监督孩子在乘车、船前不要吃得太饱,但也不完全空腹,应适量吃些容易消化的食物。

(2)所坐的座位要尽量选择颠簸比较轻的位置,比如坐在船的中部;同时也要注意保持心情平静,不要紧张。

(3)不要观看窗外快速移动的树木和电杆等物。

(4)对汽油味敏感者要远离发动机或选择迎风处。

(5)穿衣不宜过暖热,闷热易恶心。

(6)除了上面的方法外,防止晕船还可以服用药物。比如有一种药叫乘晕宁,每片5毫克,一般每日服1~3次,每次1片,在乘坐船只前半小时服用;还有一种药物叫眠尔通,是一种比较温和的镇静剂,每日服用1~3次,每次0.2克,可解除神经系统的紧张状态。另外,我们还可以为孩子采取一些“土办法”,比如,在乘坐船只前喝一杯加醋的温开水,也可以切一片姜片贴到孩子的肚脐处。这些也会起到一定的预防作用。

乘坐飞机的安全常识,你告诉孩子了吗

提炼关键词

飞行　安全指示　不老实　迫降

安全大讲堂

现代社会,人们经常采取的出行方式,不仅有在陆地上飞驰的汽车、火车和在大海中乘风破浪的船只,还有在天空中翱翔的飞机。

在所有交通工具中,飞机的速度是最快的,也是事故发生概率最低的;但是我们也要知道,飞机同时也是死亡率最高的。

尽管如此,并不是说我们就不能乘坐飞机,而是怎样正确地乘坐,即便遇到故障,也要将危险降到最低限度。话说回来,哪种交通工具没有危险性

呢，就连走路都要小心谨慎，何况飞机呢！作为父母，我们能为孩子做的，就是告诉孩子一些乘坐飞机的相关知识，让他知道怎样乘坐飞机，在乘坐过程中注意些什么问题，遇到危险后如何应对。这就足够了。

王鹏从5岁起，就单独乘坐飞机了。当然，都是爸爸妈妈去机场给他办理好手续，在机组人员的帮助下，将王鹏从一个地方“托运”到另一个地方。

之所以这样做，其实也不是王鹏的父母有意为之，而是他们实在没时间，而王鹏的外公外婆又远在几千公里之外，老两口总希望孩子能时常陪伴一下自己。就这样，现在不到10岁的王鹏早就在北京和深圳之间独自飞行十几次了。

说起这几年乘坐飞机的经历，王鹏可是话匣子一打开就关不上。他说，自己第一次乘坐飞机的时候，妈妈就多次告诉他需要注意的事项，他都认真地遵守。有了第一次顺利飞行的经历，以后就更对自己有信心了。王鹏还说，有的小朋友在飞机上不老实，总需要大人不断地提醒，甚至还被大人斥责才变得乖一些。

鹏鹏说，有一次他乘坐的飞机还真的出现了紧急情况，当时他还是很紧张的。不过，他很快镇定下来，听从空服人员的安排。当时，鹏鹏发现，飞机上有些乘客一听到险情后就坐立不安，还有一个姐姐哭了起来。半个小时后，飞机的险情被排除了，大家才都把心放到肚子里。

作为父母，或许你也希望自己的孩子能够像鹏鹏这样独立且镇定。小小年纪自己就可以独立乘坐飞机，即使遇到危险情况也能从容应对，实在令人敬佩。其实，只要我们多给孩子一些引导和教育，我们的孩子同样能有鹏鹏这样的独立性和镇定劲儿。

安全指南针

1. 让孩子熟记起飞前的安全指示

飞机的型号不同，其逃生门的位置也有所差别。我们应该事先告诉孩子，当上了飞机之后，应该花几分钟的时间仔细听空服人员介绍的安全指示。这样一旦碰到紧急情况，才不至于手足无措。

2. 随时系紧安全带

安全带是乘坐危机时的重要保护工具之一，当飞机颠簸或者遭遇强烈气流的时候,系上安全带才不至于让我们在机舱内到处碰撞。

3. 发生意外要听从空服人员的指示

当发生意外的时候,不要自作主张做什么或者不做什么,而应该听从空服人员的指示。要知道,他们在飞机上的首要任务就是维护安全。

4. 飞机迫降时需要注意哪些安全事项

登上飞机之后,要让孩子数一数自己所坐的位置距离出口有几排座位。这样,当飞机失事,机舱内烟雾弥漫的情况下,还可以摸着椅背找到出口。

当飞机紧急迫降时,不要让身体靠在座位上,而应双手交叉放在前排座位上,头部则放在手上,在飞机着陆前,一直保持这个姿势。

5. 乘坐飞机时需要预防的不适

(1)晕机。有些孩子身体适应性较差,乘坐飞机后会出现呕吐、头晕等晕机症状。我们应该告诉孩子,当出现晕机症状时,先要保持镇静,排除杂念,再吃一些防晕车船的药物一般就会没事。当然,如果事先就知道自己会晕机,那么最好在登机前15分钟服用晕机药物。

(2)航空性中耳炎。为了预防航空性中耳炎,我们要事先让孩子练习张嘴和吞咽。这看上去很简单,但是为了孩子在紧急状况下做到有效预防,父母还是带领孩子锻炼一下比较好。另外,嚼东西也是预防航空性中耳炎的有效办法,所以我们可以让孩子嚼几粒糖果。如果症状还没得到消除,就可以用拇指和食指捏住鼻子,闭紧嘴巴,用力呼气,让气流冲开咽鼓管进入中耳空气腔,从而消除耳闷、耳重、耳痛等症状。

PART 7

大自然是友亦是敌，如何与它“斗智斗勇”

——培养孩子的天灾安全意识

自然界是人类的朋友，有时候这个朋友也会“翻脸”，给人类带来巨大的灾难。我们的孩子，既要学会和自然界做朋友，爱护自然，又要学会巧妙应对这个朋友偶尔的“六亲不认”。这样，孩子才能在成长的道路上，游刃有余。

地震来啦，是躲还是跑

提炼关键词

大魔头　镇定　险情　降低重心

安全大讲堂

2013年4月，就在汶川大地震过去将近5年的这个春天，四川雅安又发生了7.0级地震，伤亡惨重。当我们从电视上、网络上看到那些被地震夺去的鲜活生命的时候，我们的心也跟着揪得紧紧的，是沉痛、是悲伤，也是警醒。

地震这个无法预知的“大魔头”说不定哪天就来到我们身边，灾难就降临到我们孩子身上。那么，为了能够顺利避免遭遇不测，我们作为家长，很有必要教会孩子一些地震来临时的逃生办法。或许因为这些逃生办法，会让自己成为“大难不死”的幸运儿！

在汶川大地震的时候，一所小学的孩子们正在上体育课，孩子们正在老师的安排下进行自由活动。

这时候，有个叫小美的女孩正在单杠旁边，她正要上单杠，忽然感觉地动山摇。小美知道，发生地震了。孩子们没有见过地震，所以被这种强烈的震感吓得直哭。小美却没有被吓得失去理智，她立即趴在地上，并使劲儿抓住身边的单杠。当地震过去后，小美因为懂得避震的小知识而让自己没受伤，其他同学则受了伤。

在1976年唐山大地震的时候，有一位女孩也因为冷静而机敏的反应，使自己幸免于难。当时，那个女孩正在床上躺着睡觉，忽然被地动山摇的感觉给警醒。她当时就断定，这是地震了。这时候，要想跑出房间显然已经来不及了。但是为了避免被楼盘砸到，她在第一时间跑向了厕所。后来这个女孩被救援人员发现了，虽然身体受了一定的伤，但是毕竟捡回一条命。如果她感觉到地震后，没有采取正确的避险措施，很可能就在那场大地震中遇难。

综合上面的事例来看，虽然是遭遇破坏性极强的大地震，但若能积极采取避险措施的话，还是能为自己争取很大的逃生机会的。作为父母，无不希望在地震来临时，自己的孩子能够像事例中小美那样安然无恙。其实，要做到这一点并不是太难，只要家长教会孩子一些相关的避震知识，那么我们的孩子很可能就会成为幸运的那一个。

安全指南针

1. 地震发生时，让孩子保持镇定

我们常说忙中出错，其实乱则更容易出错。当地震发生时，如果被吓得失去理智，那么很可能会丧失逃生机会。因此，我们要经常告诉孩子，不管遇到什么情况，最重要的就是保持头脑清醒，镇定自若。只有这样，才更容易让自己集中精力想出逃避危险的方法，从而减少伤害，保护自身安全。

2. 当发生险情时应该如何救助

地震往往猝不及防，险情发生的时候我们的孩子可能在家里吃饭，可能在路上行走，也可能在教室里上课。在不同的地方，由于环境不同，所以自我救助的方式也有所不同。下面我们就一一列举出地震发生时各个环境中进行自我救助的方法。

(1)在房屋里。如果孩子在房屋里，要赶紧躲到书桌、工作台或者床底下。在单元楼内，则可以选择卫生间、墙角，因为这些地方可以借助上下水管道和煤气管道的支撑，以减小伤亡。同时需要提醒孩子，避震时要远离窗户，趴下的时候，要让头部靠墙，使鼻子上方双眼之间凹部枕在横着的双臂上面，并将眼睛和嘴巴闭上，用鼻子呼吸。

(2)在学校时。如果孩子正在上课，那么就让他在老师的指挥下迅速抱头、闭眼、躲到课桌下。如果是在操场上或者室外，要原地不动，用双手抱住头部，同时要注意避开高大建筑物或者危险物。

(3)在影剧院、体育馆等处。如果地震发生时，孩子正在影剧院或者体育馆等场所，那么应该就地蹲下或趴在排椅下，同时需要注意避开吊灯、电扇等悬挂物。身边有书包或者棉服的话，可用这些东西保护头部。等地震过去后，听从工作人员指挥，有组织地撤离。

(4)在商场、书店、地铁等处。当孩子在商场、书店、地铁等地方时，要选择结实的柜台、低矮的家具或者柱子边以及墙角处就地蹲下，并用手或者其他物品护住头部，同时要注意避开玻璃门窗、玻璃橱窗或柜台，避开高大不稳或摆放重物、易碎品的货架，避开广告牌、吊灯等高耸或悬挂物。

(5)在行驶的汽车内时。如果孩子在行驶的汽车内遭遇地震，那么就要牢牢地抓住扶手，以免摔倒或碰伤。同时降低身体的重心，让自己躲到座位附近。

冰雹砸人没商量，可得在屋里藏好了

提炼关键词

一片狼藉　躲避　抱住头部

安全大讲堂

从天空中落下来的东西，最常见的莫过于雨和雪了。既然有最常见的，那么就有不常见但同样也会存在的。这个东西就是冰雹了。

冰雹的个头有大有小，一般小的冰雹和玉米粒差不多大，大的则可以达到鸡蛋那么大。想想看，那么坚硬而沉重的冰雹，要是砸到人的脑袋上，得有多危险！

有的冰雹下得过于猛烈，再加上大风，都会把窗户的玻璃给砸碎。冰雹便会直接“闯进”室内，想象一下，那该是一片狼藉了吧！

冰雹的威力若仅是砸碎物品倒还是小事，关键是我们人体怎样才能不被它伤害到。尤其是自我保护能力较差的孩子，在冰雹面前就更应该小心防范。

航航和阳阳是双胞胎兄妹，由于妈妈照顾不过来，所以把航航放在了同一城市里的姥姥家，航航上学也是在姥姥家附近的学校。阳阳则跟着爸爸妈妈,每到周末全家人会聚一次。

一年夏天,学校放学后不久,这座城市"全城散花"——下起了冰雹。此时,虽不在一起却都在下学路上的航航和阳阳都迎来了这场冰雹。

航航见势不妙,想找地方赶紧让自己躲起来,可是,四周没有可以躲避的建筑物。无奈之下,航航只好把书包放在头顶,以抵御冰雹。走出几十米后,航航发现路边垃圾桶里有一把别人扔掉的破烂木椅子。航航连忙走到跟前,将烂椅子拿出来顶在了头顶。

而在另一条路上的妹妹阳阳呢,在冰雹面前惊慌失措,吓得不知如何是好。和她同行的女孩琳琳也同样紧张,俩人害怕得哭着赶路。好不容易赶到家后,阳阳和琳琳由于没及时采取保护措施,都让冰雹砸到了头部,好在伤得不重,流了一点血便没什么事了。而哥哥航航则安然无恙地回到了姥姥家。

同样的年龄,同样是遭遇冰雹,航航和琳琳由于反应不同,采取的措施不同,所以最终的结果也不一样。哥哥冷静自若,想办法保护好头部,使自己免于伤害。而妹妹则在危险面前惊慌失措,没了主意,最终心理和身体都受了不小的伤害。

不用问,作为父母的你,肯定会希望自己的孩子能够像航航那样,在遭遇冰雹的时候,能够沉着应对。既然如此,那么就在平时多给孩子讲一下关于冰雹的知识吧,告诉孩子冰雹是怎么形成的,有什么样的危险,该怎样躲避,等等。有了这些知识做后盾,相信你的孩子在面临冰雹的时候,也会像航航那样应付自如了。

安全指南针

1. 就地蹲下抱住头部

如果孩子在室外遇到了冰雹,要立即用手抱着头部,然后蹲下。如果身上穿着比较厚的衣服,也可以把衣服脱下来罩住头部,然后寻找可以躲避的坚固建筑物隐藏身体。这样做,都是为了避免被冰雹砸伤,尤其是头部。

2. 不要吃冰雹

有些读者认为,古代的人曾把雪水称为"天泉",用来煎茶,那么冰雹融化后是不是也是"天泉"呢?

事实上，并非如此。冰雹从高空落下来的时候，它已经凝结了空气中的尘埃，如果我们仔细观察，会发现冰雹水其实是很脏的，并没有看起来那么晶莹剔透，干净清亮。所以，我们要叮嘱孩子，一定不要贪图好玩而食用冰雹或者饮用冰雹水。

事实上，古人所说的雪水泡茶，一般是用高山上采集到的雪，融化之后形成水。再说，当时的自然环境比现在要好很多，用来煮茶或许也比较卫生。现在自然界中的水，通常都要经过过滤才可以饮用。

3. 多给孩子讲一些关于冰雹的小知识

关于冰雹，孩子们往往比较感兴趣，他们会觉得天上掉下的这个小球球实在是有趣儿。父母可以借着孩子对冰雹的兴趣，多给他讲一些关于冰雹的小知识，比如冰雹是如何形成的，冰雹来临之前会有哪些预兆，等等。同时，叮嘱孩子在遇到冰雹时要怎样采取措施，保护自身安全。这样，在生活的点滴中就可以让孩子知道冰雹到底是怎么回事，自己应该怎么对付这个看似有趣的“小白球”。

中暑的滋味不好受，如何防暑要记牢

提炼关键词

酷暑　慢速冷却　户外　藿香正气水

安全大讲堂

古语说：“冬练三九，夏练三伏。”这是为了磨炼习武之人的意志而总结出来的一句话，很有一番劳其筋骨、饿其体肤的残酷劲儿。当然了，现在的孩子早已不必如此，即便要磨炼孩子的意志也会通过别的方法，而不至于这么“残酷”。

事实上，炎热的伏天是很容易引发人的身体不适的，若有不慎还可以引起中暑。中暑后，人会有头晕、目眩、呕吐、昏迷等症状，严重者还会死亡。

由于孩子抵抗力不强，所以更容易引起中暑。所以，为了防止孩子中暑，我们应该事先教给孩子一些防暑小窍门，让孩子安然地度过三伏天。

谢菲是一个上海的女孩，学习一直非常刻苦。中考刚刚结束的那天，由于天气炎热，再加之谢菲一直刻苦学习，身体有些吃不消，所以她出现了中暑症状。

据谢菲的同学反映，走出考场后，谢菲就说头晕，紧接着就歪倒在旁边的同学身上。当时，把那位同学吓了一跳，她费尽力气接住倒过来的谢菲，才没让她摔倒在地。这时候，另一名同班同学发现了，赶紧告知了刚刚监考完的班主任孙老师。孙老师的爱人是一名医生，他平时耳濡目染也跟着学到一些医学知识。经过询问旁边的同学，老师初步断定可能是中暑了。因为他知道班里孩子们的身体状况，谢菲没有过什么别的病症，只是身体不够强壮。

孙老师先是让两个女同学和他一起将谢菲扶到阴凉处，又叫一名同学去附近的药店买来了藿香正气水，给谢菲喝下去。过了几分钟，谢菲慢慢苏醒，缓过神来了。孙老师和同学们的心才放下来。

媒体上还曾报道过一个3岁的女孩因为中暑而死亡的案例。这个女孩是由于在幼儿园的班车内待得太久，中暑后引起缺氧、脱水而导致死亡。这个孩子乘坐幼儿园的班车前去幼儿园，结果被老师遗忘在车里。当天天气非常炎热，车内密闭不透气，最终夺去了一个稚嫩的生命。

不管是谢菲还是死去的女孩，她们都是由中暑而造成了身体的伤害。可见，中暑虽然比不过地震、冰雹那么来势凶猛，但它伤害人的能量却并不小。特别是对那些体质不够强健、身体比较瘦弱的孩子来说，酷暑就更是需要防范的家伙。

其实，如果我们能够让孩子做好防暑的工作，通常是可以避免中暑的。这样一来，岂不是为孩子的健康和安全又加了一把锁！

安全指南针

1. 生活方面需要注意的事项

(1)在酷暑时节，叮嘱孩子不要进行爬山、跑步等在室外、白天进行的剧烈活动。如果孩子需要活动，不妨选择游泳、早晚慢跑等。

（2）叮嘱孩子午睡时间不宜过长。因为午睡时间过长的话，人的中枢神经会加深抑制，脑内血流量相对减少进而减慢代谢过程，致使孩子醒来之后更感觉困倦和不适。

（3）忌受热后“快速冷却”。孩子从炎热的环境里到了家里，喜欢开空调、吹电扇，或者立即洗冷水澡。这些做法都容易使毛孔快速闭合，体内的热量也就难以散发，甚至还会因为脑部血管迅速收缩而引起大脑供血不足，使人头晕目眩。

（4）空调的温度不宜太低，最好使室内外温差不超过 5 度为宜。即使炎热的天气，空调的室内温度也不宜低于 24 度。

2. 饮食方面需要注意的事项

提醒并督促孩子多喝白开水，并且要定时饮水，不要等口渴时再喝，口渴的时候不要狂饮一通。同时，要少喝果汁、汽水等饮料，因为这些饮料里含有较多的糖精和电解质，喝多了肠胃容易受到不良刺激，从而影响消化和食欲。

另外，炎热的夏季，由于人的活动时间长，出汗多，消耗量大，所以不要吃过于清淡的饮食，而应适当多吃些鸡、鸭、瘦肉、鱼类、蛋类等营养食品，以满足人体代谢需要；还可以多吃一些新鲜蔬菜和水果来补充水分。这些对于防暑都是大有裨益的。

3. 在户外应采取的防护措施

在夏天出门的时候，我们要帮助或者提醒孩子备好防晒用品，上午 10 点到下午 4 点这段时间内，最好不要在烈日下行走。如果此时必须外出，一定要做好防护工作，比如戴遮阳帽、戴太阳镜、涂抹防晒霜、打遮阳伞等。

此外，还要让孩子随身携带防暑降温的药品，比如仁丹、风油精、藿香正气水等，以备应急之用。

沙尘暴来了，怎么办

提炼关键词

愈演愈烈　影响视线　关紧门窗　少出门

安全大讲堂

近两年,我们普遍感觉到空气越来越差,沙尘、雾霾天气越来越多。这种情况不但对人的身体造成不小的影响,也不同程度上影响了人们的心理状态。很多人不禁感叹:在这种自强不"吸"的空气里,幸福指数猛跌呀!

可见,空气质量对我们每个人而言都至关重要,我们都希望能在干净、清爽的天空下自由畅快地呼吸。

只是,这在目前看来,或许只是美好的愿望罢了,因为沙尘暴这个不速之客总是时不时前来报到。对于沙尘暴,词典里是这样解释的:它是沙暴和尘暴两者兼有的总称,是指强风把地面大量沙尘物质吹起并卷入空中,使空气特别混浊,水平能见度小于一千米的严重风沙天气现象。其中沙暴系指大风把大量沙粒吹入近地层所形成的挟沙尘暴;尘暴则是大风把大量尘埃及其他细粒物质卷入高空所形成的风暴。

看了这个解释,就可以想象一下沙尘暴的凶猛和威力。虽然它不至于像一些大的自然灾害那样迅速置人于死地,但它对人体的侵袭则会直接引起沙眼、皮肤过敏、咳嗽等不适,而且抵抗力差一些的孩子就更容易遭受其苦。当然,强沙尘暴的威力要比一般的沙尘暴大很多,人一旦被其侵袭,也可能会丧命于无形。所以,作为父母的我们,不要小瞧了沙尘暴,而应该多引导孩子,让孩子学会应对沙尘暴的方法,以免使身体受到伤害。

媒体报道,在2007年3月16日,伊朗遭遇到沙尘暴猛烈袭击,造成5人死亡,14人受伤,其中,有三名不满一周岁的幼儿因为沙尘暴天气窒息而死。

2010年4月23日,沙尘暴侵袭了我国多个省市。据媒体报道,当天甘肃省某县的强沙尘暴，使局部时段的能见度接近于零，内蒙古的多个旗（县）市沙尘暴所到之处都是漆黑一片。在沙尘暴的威力下，房顶被掀翻，街道上的广告牌被刮掉，路边的树木被吹得东倒西歪。到处一片狼藉，惨不忍睹。

2013年4月16日，新疆喀什叶城遭受沙尘暴袭击，给市民的出行和生活带来极大不便。新疆南部多地4月17日遭受强沙尘暴袭击，局部地区能见度不足20米，大风扬起的沙尘使人呼吸艰难，人们出行严重受阻，同时也给交通和农业生产带来不利影响，特别是火灾频发，造成财产损失。17日10时30分起，新疆建设兵团第二师三十七团遭沙尘暴袭击，风势达5～6级。沙尘暴将该团区域全面覆盖，白昼暗如黑夜，能见度不足20米，大风沙尘使人呼吸艰难，气温下降了5℃左右。

这是近几年发生的比较典型的沙尘暴，其实沙尘暴天气年年都会出现，甚至有愈演愈烈的趋势。为此，我们就更有必要教给孩子一些预防沙尘暴侵害身体的方法和措施。其实，和其他自然灾害相比，沙尘暴对人的伤害多数时候都不是直接的，而是间接的。比如，大风吹落了一些建筑上的物体，由于沙尘迷眼，影响人的视线，导致被物体砸伤。由此看来，如果在沙尘暴来临之前采取积极的应对措施，也许就能避免许多伤害。作为父母，我们如果能让孩子了解一些关于沙尘暴的知识，并告诉他一些应对措施，就能减少沙尘暴给孩子带来的危害。

安全指南针

1. 沙尘暴来临时要关紧门窗

伴随着沙尘暴而来的，往往有比较大的风。在风的裹挟下，沙尘便无孔不入。如果我们把门窗打开了，那么不但会让室内遭受沙尘的污染，还会引起我们口鼻的不适，甚至过敏，引发呼吸道疾病等。

所以，我们要告知孩子，一旦有沙尘暴到来，要赶紧将门窗关严实，不管是在家还是在学校或者其他地方的室内，都应如此。

2. 在室外遭遇沙尘暴要赶紧躲起来

孩子遇到突如其来的事情时，往往被事物的表面现象给吓怕，以至于没有理智的反应。比如，当遇到沙尘暴的时候，正在外面赶路的孩子不是想去哪里躲避一下，而是仍马不停蹄地继续赶路。其实这样很容易被沙尘迷了眼睛,看不清前面的道路,岂不是更容易出危险吗?

所以,我们要叮嘱孩子,当在室外遭遇沙尘暴的时候,先想办法找附近的建筑物躲一下,而不要急匆匆只顾着赶路。

需要提醒的是,躲避沙尘暴,不要让孩子在临时建筑物或者大广告牌下,以免这些物体被风刮落砸伤自己。

3. 沙尘暴过后的几天也尽量少出门

不要以为沙尘暴过去就万事大吉了。其实,在沙尘暴过后一段时间里,还有很多小的颗粒物停留在空气中,这些东西是很容易对皮肤和呼吸道形成伤害。

因此,即使在沙尘过后的几天,我们也应叮嘱孩子少出门,尽量不出门,即使外出也要戴上口罩、墨镜等防护工作。

洪水是"猛兽",孩子要当心

提炼关键词

勇士　演练　爬到高处　了解天气

安全大讲堂

俗话说:水火无情。在前面的章节中我们说到了火的威力及危险性,这一节内容我们要说一说另一个"无情"的灾害——洪水。

洪水灾害是世界上最严重的自然灾害之一,洪水往往发生在人口稠密、农业垦殖度高、江河湖泊集中、降雨充沛的地方,如北半球暖温带、亚热带。中国、孟加拉国是世界上洪水灾害发生最频繁的地区,美国、日本、印度和欧洲的洪水灾害也较严重。

我国幅员辽阔,地形复杂,季风气候显著,是世界上水灾频发且影响范围较广泛的国家之一。因此,我们就更有必要让孩子警惕洪水,并且在遭遇洪水时能够有办法让自己逃生。想必每个父母都希望自己的孩子能够在洪

水这个“猛兽”面前，成为一个骁勇善战、足智多谋的勇士吧！

家乡在福建某地的洛瑶女士至今仍对多年前自己面对洪水时的经历记忆犹新。

那一年，洛瑶刚刚11岁，正放暑假休息在家的她和突如其来的洪水展开了一场殊死搏斗，最终用她的勇敢和智慧逃出了洪水的魔爪，保护了自己的人身安全。

当时，洛瑶的爸爸妈妈都在外地打工，年近七旬的奶奶也去了福州的姑姑家养病，家里只有洛瑶一人。一天，洛瑶在家中做作业的时候，洪水涌到了她所在的村子。很快她家的房子也被洪水包围，水深达到半米左右。为了躲避洪水，路遥赶紧爬上二楼的房间。凭借以往的经验，洛瑶判断，洪水不会在短时间内退去，甚至还有越来越猛的势头，自己必须得想逃生的办法。

首先是饮食问题。洛瑶想起姑姑曾经给自己买过一本险境中如何逃生的书中说道，在遭遇洪水时，逃生的同时还要储备一些食物。于是，洛瑶在二楼的房间里，把家里能吃的东西都放置在了一个塑料袋里，还用水壶盛了一壶水，水壶的带子挂在了自己的脖子上。仅有食物还是不行的，洛瑶心想，万一洪水把房子淹没了，自己就只能被淹死，所以还得想逃出去的办法。洛瑶的爸爸是个木工，外出打工前，自己在家里做木工，将制成品卖给四里八乡的乡亲们。别看洛瑶是个女孩，可古话说得好“穷人的孩子早当家”，加上洛瑶聪明伶俐，所以耳濡目染地，她也学会了一些木工活计。这次面对洪水，还真用上了。

洛瑶把爸爸以前没用到的几块竹板和木板拿出来，又拿出了斧子、刨子、锯子等工具，她要做一个木筏。

经过一番思考和操作，木筏居然做好了。洛瑶想，如果洪水持续不退，自己就划着木筏往外面去，那样才有希望逃出洪水的包围。

不过，洛瑶的木筏最终没有用上，因为一天之后洪水渐渐退去了。

虽然洛瑶所做的准备没有在这场洪水中真正地发挥作用，但是我们不得不佩服这个小女孩在紧急关头冷静、沉着、缜密的思维和行动力。不难想象，如果洪水持续不退，那么洛瑶也可以带上准备好的食物和水，划着她的小木筏逃出洪水的包围，去往安全的地带。

或许你会感慨:如果自己的孩子能像洛瑶这位小姑娘这样,该多值得欣慰!的确,面对肆虐的洪水,多数孩子都会因为恐惧而张慌失措。因此,为了孩子的生命安全,作为父母我们有必要教孩子一些相关知识,并对孩子进行一些相应的训练,比如演练一下洪水来临时如何储备食物和水,如何游泳,等等。当我们的孩子有了应对洪水的知识和能力,那么当真正面对洪水时,他的逃生希望将会大大增强。

安全指南针

1. 寻找逃生的地方

当洪水发生时,我们要让孩子懂得逃生是最关键的。所以,这时候需要冷静观察和想象一下,周围距离自己所处的地方最近的、地势较高、交通也相对方便的地方,可以把这样的地方作为逃生的目标。城市里的孩子,可以选择在高层建筑的平坦的楼顶,或者有牢固房屋的医院、学校等。

2. 储备食物和必要的医疗用品

平时,父母要储备一些医疗用品在家中,以备不时之需。如果洪水来临,我们的孩子也要学会逃生前准备食物、药品和衣物,做好逃生和被救援的准备。

3. 养成了解天气预报的好习惯,随时了解天气情况

在一些容易受洪水淹没的地区,父母要让孩子养成观看或收听天气预报的习惯,做到随时了解天气情况。当天气预报报有连续暴雨或者大暴雨时,要随时注意水位变化,及时了解洪水的情况,并采取相应的措施,减轻或避免洪水的危害。

4. 爬向高处去避险

父母还要告诉孩子,如果被洪水围困,可以到树上、屋顶上去避难。同时,可以将木料或者木制家具捆扎成救生木筏来使用,并等待救援。

听见雷声轰隆隆，孩子躲避有方法

提炼关键词

妖怪　大树　避雷　圆明园

安全大讲堂

夏季来临，雷电也往往会在某些阴天多云的时候划破天际，响彻云霄。有一些胆子大的孩子，可能会感觉雷声就像超级大鞭炮一样，听着很过瘾。胆子小的孩子，可能就会认为是什么“妖怪”来了，吓得惊慌失措。

这些都是从孩子自己的脑瓜里想象出来的一些状况，在他们的内心也会因此产生对雷声的种种设想。只是，这种主观的认识不过是孩子对于雷这个“家伙”表面的感知罢了。他们不知道，在这一现象的背后，潜藏着巨大的危险呢！

如果留意一下，我们会时不时在媒体上看到，每年几乎都有被雷电击伤或者劈死的案例。同时，我们会对受害者报以同情和惋惜。

既然雷有如此威力，那么父母们则很有必要教导我们的孩子，学会避开雷的袭击，避免自己的身体受到伤害。

2013 年暑假，家住北京朝阳区的豪豪和同学格格前去圆明园游玩。临行前还阳光明媚，可到了圆明园后，天气骤变，一时间乌云密布，还时不时响起雷声。

俩孩子本想返回，可是花费了两个多小时，倒了 3 次地铁才到达目的地，还没参观就回去，多可惜。

想到此，他们便没返回，开始进入圆明园游逛了。

圆明园是皇家园林，虽然被八国联军焚烧过，但由于后来重新修葺，所以建筑、景色等都依然美丽。豪豪和格格虽然年龄不大，但都是有点文艺气质的中学生，当他们驻足观望堆山导水的圆明园美景时，早就不顾天气的阴沉了。俩人越玩越开心。

这时候天气越发地阴沉起来，圆明园里也少见其他的观光者。忽然间几声震天的响雷轰隆隆地响起来，像是要炸开乌云密布的天空一样。

格格有些害怕，他吓得尖叫起来。豪豪则比较镇定，他提议，赶紧找一处建筑物躲起来，千万别在树下晃悠了，否则可能会被雷击。

一旁的格格连惊带吓地说："附近没有建筑物，我们先找棵大树底下躲一躲吧？"格格的这一想法被豪豪坚决反对。豪豪严肃地告诉格格，如果在大树下避雨容易遭到雷电袭击。

说着，豪豪拉着格格赶紧寻找到公园的厕所处躲避起来。果然，在他们躲进厕所几分钟后，有几棵大树伴随着响彻耳际的雷击声被劈断，树冠和上半部分树干都同时砸到了地面上。

这时候，俩孩子相视一笑，豪豪自豪地说："看到了吧，如果不听我的，你可就像那个树一样，成为雷击下的冤魂喽！"

由于豪豪知道打雷时不能躲在大树下而使自己和同伴避免了雷击，获得了安全。而如果豪豪也和格格那样，不知道这一道理，寻求大树做躲避物的话，可能俩孩子就要遭遇危险了。

当然，他们俩在发现天气忽然变得阴沉之后，还继续游玩而没有返回家去，这一做法是很不可取的。在教育孩子的过程中，父母们尤其要注意这一点。同时要让孩子知道，不要在明知可能发生危险的情况下，还要贸然行事。也不要因为自己掌握了一些安全逃生的办法，就对那些可能发生的灾害置若罔闻。

我们应该让孩子学会在危险面前如何逃生的办法，更应该让孩子懂得，尽量少去面对这样的危险环境才是更重要的。

安全指南针

1. 告诉孩子家庭避雷保险秘籍

(1)雷雨天气里，要关紧门窗，防止侧击雷和雷球侵入房间。

(2)将室内的电器电源全部切断，拔掉电话，不打手机。

(3)尽量不要接触煤气管道、自来水管道以及其他带电装置。

(4)不要在雷雨天冲凉，因为雷电会沿着水流袭击淋浴者。

2. 户外避雷的十大方法

(1)在雷雨天气,不要在高楼的平台上停留;若是在户外空旷的地方,则不要进入孤立的棚屋和岗亭等地方躲避。

(2)建筑物外面露着的水管、煤气管等金属物体及电力设备都要远离。

(3)不要在大树下躲避雷雨。

(4)当电闪雷鸣时,如果头部、颈部和手部有蚂蚁爬走的感觉,头发也竖立起来,说明将要发生雷击。这时候,要赶紧趴在地上,以减少遭雷击的危险,同时将身上佩戴的金属饰品和发卡、项链等摘掉。

(5)当在户外遭遇雷雨时,一时找不到可以用来躲避的高大物体,可以找些干燥的绝缘物放在地上,并将双脚合拢坐在上面。需要提醒的是,一定别将脚放在绝缘物以外的地面上,因为水是会导电的。

(6)在户外躲避雷雨时,不要用手撑住地面,而应双手抱膝,胸口紧贴膝盖,尽量将头低下来。因为相对于其他部位来讲,头部最容易遭雷击。

(7)如果在户外看到闪电,几秒后就会听到雷声,这时候说明雷电的危险即将出现。这时候,要停止行走,同时两脚并拢立即蹲下,而且不要和别人拉在一起。

(8)遇到雷雨天气的时候,尽量不要在空旷的野外打伞,也不要高举羽毛球拍、高尔夫球棍、锄头等。同时还要注意不要在水面和水边停留。

(9)在雷雨天气中,不宜快骑自行车和在雨中狂奔,因为身体的跨步越大,电压就越大,也越容易伤人。

(10)当在户外看到高压线被雷击断,就要提高警惕,因为高压线断点附近存在跨步电压,这时候千万别跑动,而应双脚并拢,跳着离开现场。

3. 当有人遭雷击时,告诉孩子该怎么办

(1)当发现伙伴或者他人遭遇雷击后,对方可能会出现“假死”状态,这时候,年龄大的孩子可以对其进行人工呼吸,年龄小的孩子可以告诉身边的成年人采取此种做法。要知道,遭雷击后,人工呼吸进行得越早,伤者的身体越容易恢复,否则大脑缺氧时间过长人就会有生命危险了。

(2)对伤者进行心脏按压,并打120通知医院进行抢救处理。

(3)如果发现别人遭雷击后导致衣服起火,这时候要先让对方躺下,这样不至于让火烧伤面部。同时,赶紧往伤者身上泼水,或者用厚外衣、毯子等把伤者裹住,以此来将火焰扑灭。

可怕的龙卷风来了，孩子如何躲避它

提炼关键词

有备无患　地下室　低洼地

安全大讲堂

很多孩子可能没见过龙卷风，但大多数人都看过著名的电视连续剧《西游记》。在哪吒闹海那一集中，哪吒将龙王殿折腾了个天翻地覆，龙王三太子在和哪吒交手的过程中，在海面上掀起滚滚浪涛，浪涛盘旋上升。

当然，龙卷风说到底还是“风”，顾名思义，龙卷风就是像龙卷起来的风一样。不难想象，这一威力有多强大！在好莱坞的灾难大片里，我们会看到龙卷风掀起的巨大的漩涡，一时间天昏地暗，房屋倒塌……据统计，作为龙卷风多发地的美国每年都因龙卷风而导致多人死亡，其数据仅次于雷电袭击所导致的死亡人数。

我们国家发生龙卷风的概率不高，但这并不等于我们就没有必要教给孩子掌握如何避免龙卷风侵袭引起的伤害。俗话说“艺多不压身”也正是这个道理，因为说不定什么时候，孩子会遇到龙卷风，“英雄”就有用武之地了！看看下面这些关于龙卷风的报道，想必父母们就需要赶快行动了！

2008年11月15日，美国加利福尼亚州科伦娜火灾中，一处火焰龙卷风逐渐逼近住宅区。这种龙卷风由于夹带着火焰，所以其所到之处使该区域的物体点燃，还将正在燃烧的残骸投向周围。由巨大火焰龙卷风形成的风流也十分危险，其风速可达到160公里/小时，足以将树木吹倒。

2011年4月27日，美国南部7个州遭到龙卷风与强风暴袭击，造成至少295人死亡，带来数十亿美元的经济损失。

2010年5月15日，位于我国东北地区的黑龙江省绥化市遭遇了特大龙卷风袭击。此次龙卷风导致5人死亡，52人受伤，400间房屋倒塌，直接受灾人数达到3000人。

2011年4月17日中午，我国江西省某地遭到冰雹及龙卷风突袭，造成3人死亡，40人受伤；80余处电力设施受损，10多处通信设施损毁；100余间民居损坏，超10万平方米的厂房遭掀顶；树木折断约1400棵，28条村道部分路段交通受阻；受风灾直接或间接影响的农区约667公顷；风灾整体经济损失预计达7000万元。人们家园被毁，房倒屋塌，树木和庄稼也都被龙卷风袭击得七零八落，老百姓只得靠政府救济渡过难关。

有关统计数据表明，地球上几乎每个陆地国家都出现过龙卷风，其中以美国出现次数最多。凡是龙卷风所到之处，无不出现家毁人亡的惨剧。那么，为了孩子们的安全，作为家长，是不是应该教给孩子一些在龙卷风中自救和求救的知识呢？俗话说“有备无患”，如果我们能告诉孩子一些这方面的知识，那么说不定当龙卷风真的来袭时，孩子会将伤害降到最低！

安全指南针

1. 躲进混凝土建筑的地下室中最为安全

龙卷风的性情就像个调皮的小孩子差不多，往往是一会儿着地一会儿腾空的，喜欢跳跃式前行。凡是龙卷风经过的地方，都会留下一条狭长的破坏带。在破坏带旁边的物体都会安然无恙，所以当遇到龙卷风的时候，嘱咐孩子一定别惊慌失措，而应镇定自若，积极想办法躲避。实际上，最为安全的地方要数混凝土建筑的地下室了。当然，地下室并不是随处都有，如果没有，我们也要让孩子懂得尽可能往低处走，千万不要待在楼房的上面。

2. 寻找和龙卷风路径垂直的低洼地藏身

如果孩子碰巧在野外遇到了龙卷风，那会是非常危险的。我们应该告知孩子，在这种情况下，如果来不及逃走，也要当机立断，立马找一个和龙卷风的路径垂直的低洼地藏起身来。龙卷风是喜欢“直来直去”的，就像百米运动员冲刺那样，要它急转弯往往是非常困难的。

3. 跑进靠近大树的房屋内躲避

高大的树木有一定的挡风作用，所以至今，人们只见到龙卷风将大树连根拔起或者拦腰斩断，但是却没发现大树被“抛”到远处。据说，大约30年前，内蒙古一位农民家附近有一棵直径1米多粗、高10多米的大树曾经被龙卷风连根拔起，这棵大树附近的另两棵大树也被折断，但是距离大树3米远的房屋却毫发未损。而距离这位农民家几十米远的几间更为坚固的房子却因为旁边没有植被而遭到龙卷风的摧毁。由此可见，大树对于抵御龙卷风是有一定作用的。

当海啸来临，孩子该怎么办

提炼关键词

海底地震　脾气　征兆　排头兵

安全大讲堂

地球发脾气会发生地震，大海若是发脾气，就是要发生海啸了。海啸的“脾气”一般包括以下几种：海底地震、水下地震、火山爆发、水下塌陷等。其实，海啸和地震有着某些相似之处，或者说海啸也是地震，只不过这种地震是发生在海底的。

一旦发生海底地震，海水就会剧烈的起伏，形成强大的波浪，不断向前推进，并将沿海地带淹没。这便是海啸了。

虽然海啸是发生在海里，但是由于海啸的时候会掀起高达十几米甚至几十米的狂涛巨浪，而且海啸的波长很长，可以传播几千公里而且能量损失很小。所以，基于这些原因，看似发生在海里的海啸却会对陆地上的人类造成生命和财产的严重威胁。

对年轻的父母们来说，或许对2004年印尼的那次海啸还有所记忆，那次海啸造成几十万人遇难，损失不可估量。可见，海啸真是个“大恶魔”，对人类的威胁非常之大。正因为如此，我们才更有必要让我们的孩子了解和海啸相关的知识，并掌握如何应对海啸的方法和措施，以防在遭遇海啸时能够保全自己的人身安全。

媒体曾经报道过，在2004年那次印尼海啸中，有一位名叫蒂莉·史密斯的女孩，凭借自己所掌握的关于海啸的知识，帮助一百多人逃脱了海啸的侵袭。

当时，年仅10岁的蒂莉·史密斯正在普吉岛和家人度假，一早到海滩散步的她，发现“海水开始冒泡，泡沫发出嗞嗞声，就像煎锅一样”。这种现象引起了她的注意和警觉。曾经在一本地理书上，她了解到当出现这种情况时，接下来很可能会发生海啸。蒂莉·史密斯赶紧警告自己的家人以及海滩上的人们，还有附近一家饭店里的人。

果然不出蒂莉·史密斯的预料，随后海啸果然发生了。那些事先没有察觉海啸将要到来的人们被疯狂的海水吞没，生命从此戛然而止。而蒂莉·史密斯和她的家人以及那些得到她提醒的人们，则幸运地逃过了一劫。

从这个事例中我们不难看出，孩子掌握一定的关于海啸的知识是多么有必要！当看到“特殊”现象的那一刻，事例中的蒂莉·史密斯用自己所学的相关知识预知了即将到来的危险。作为父母，我们何尝不希望自己的孩子也能如蒂莉·史密斯这般聪慧？

既然如此，那就在平时陪伴孩子的过程中，适时地教给孩子一些相关的知识！或许有一天，在面临巨大危险的时候，你的孩子也能够像蒂莉·史密斯一样，为自己、家人以及更多的人的安全起到巨大的帮助作用。

安全指南针

1. 让孩子了解海啸发生前可能出现的征兆

(1)海啸发生的最早信号应该是地面的强烈震动。由于地震波和海啸的到达有一个时间差，这正好为人们预防海啸提供了时机。

可以说，地震是海啸的“排头兵”，如果感觉到强烈的地面震动，那么就要远离海边及江河的入海口。如果听到有关附近发生地震的报告，也要做好预防海啸的准备。

(2)通过潮汐现象的反常来判断海啸。当发现潮汐突然出现反常涨落的现象，或者发现海平面显著下降或者有巨浪袭来，并且有大量的水泡冒出，那么很可能是海啸将要到来。这时候，就要快速离开岸边。

(3)在海啸将发生之前，海水异常退去的时候，往往会留下很多的海生物在浅滩上，场面蔚为壮观。这时候，千万不要为了凑热闹、占小便宜去捡拾鱼或者去近处观看，而应迅速离开海岸，向陆地上的高处转移。

2. 告诉孩子在海啸中如何自救

(1)如果事先没有察觉到海啸的到来，当它真的到来时，自己被困室内。这时候，就要赶紧跑到卫生间躲避。如果在室外，就要到最近处的抗击力比较强的坚固建筑物中躲避。

(2)万一不幸落水，千万不要慌张，而应该集中精力寻找木板等漂浮物。另外，在水中不要举手，也不要胡乱挣扎，而应尽量减少动作，只要漂浮在水面上即可。这样为的是保持呼吸和节省体力，可以为等待救援争取更多时间。

(3)感到口渴，一定别喝海水。因为那样会越喝越渴，甚至出现幻觉，导致精神失常甚至死亡。

(4)附近若有其他人也落了水，要尽量向他们靠拢，大家互相帮助，互相鼓励，而且也更容易被救援人员发现。

在暴风雪的险境里如何逃生

提炼关键词

保护大自然　休息　盲动　补充能量

安全大讲堂

自然界时而温顺如小羔羊，时而暴躁如大老虎。当风和日丽、春光明媚的时候，我们会觉得心旷神怡。可当风雪交加、险象环生的时候，我们就会感觉到惊心动魄。可是，就好比月有阴晴圆缺，人有喜怒哀乐一样，自然界既能如弱柳扶风，又能够似虎啸狼嚎。

前面我们说了那么多自然灾害，还有一种很有必要告诉大家，好让我们的孩子能够在遭遇险境时寻求到可行的、合理的逃生之路。这也是我们生活中比较常见的一种自然现象——暴风雪。

字典里关于暴风雪的解释是：冬季里在强冷空气爆发时，形成强降温和大风伴随大雪或大风卷起地面积雪的天气。暴风雪一旦发生，波及区域的人们会因此而产生诸多不便，而且人们的生命也会有危险。

因此，我们不能光沉浸于阳光明媚的温和天气里，还要多想一想，当遭遇暴风雪这种恶劣天气时，应该如何让孩子懂得避险和自救。

下面我们来了解一下近几年发生在我国及其他国家和地区的较为典型的暴风雪灾害。

2008 年 12 月 22 日凌晨，美国广大地区受到暴风雪侵袭。据报道，一些地区还遭遇不寻常的超低温天气，部分地区气温骤降至 -40℃，造成 11 人死亡。当地气象局有关人员表示，这是自 1990 年以来最严重的暴风雪。

2011 年 10 月底，美国东部地区遭受了罕见的暴风雪袭击，树木及电线杆被积雪压垮，230 万户家庭停电，至少 3 人死亡。

2012 年 12 月 10 日前后，欧洲遭遇大范围暴风雪，造成至少 24 人遇难。据报道，欧洲东南部也受到影响，出现大规模降雪。在克罗地亚、塞尔维亚、黑山和波黑等国家共有 6 人因恶劣的天气情况而死。欧洲多个飞机场受到暴风雪的显著影响。德国法兰克福机场周末两天之内被迫取消超过 370 架次的航班。

2008 年 5 月底，蒙古国中、东部七省 33 个县 26 日以来发生暴风雪和强沙尘天气，截至 29 日 8 时已发现 44 人被冻死，242 人失踪。

我国也是暴风雪多发的国家。近几年发生过的比较强烈的暴风雪有：

2007 年冬天，我国东北地区也遭受了强烈的暴风雪袭击。据《北京晨报》报道，由于暴雪积压，沈阳市皇姑区明廉农贸大厅 3 个拱形顶棚全部坍塌，造成 1 死 7 伤。

2012 年 11 月 11 日开始至 12 日 16 时，我国黑龙江省鹤岗市发生了 50 年未遇的暴风雪。据报道，降水量达 41 毫米，雪深达到 33.5 厘米，个别地区积雪 1 米多厚，并伴有大风天气。

看得出，暴风雪的威力可真不小！它损毁树木、建筑，伤害人体，甚至可以致命。它还影响人们正常的交通、生产安全等。作为凡夫俗子，我们能做的也只有保护大自然，而无法与之抗衡，尤其无法和这些恶劣的自然灾害相抗衡。但是，我们能在它到来时学会规避，少让自己受伤害，甚至不受伤害。

这才是我们能做的，也是应该做的。

所以，爸爸妈妈们不妨多教孩子一些相关的知识，让孩子也能够在暴风雪面前学会求救，学会逃生。

安全指南针

1. 保存体力，不要盲动

遭遇暴风雪时，如果在室内，一般是比较安全的。但如果在旅途中，则就比较危险了。比如被困于车上的时候，人的情绪难免会急躁，担心一时半会儿无法逃离。

因此，我们要教导孩子，一旦在旅途中遭遇暴风雪，先不要盲动，而应安安稳稳待在车里，因为贸然离开车辆是非常危险的。同时，可以裹紧所有可以用来御寒的衣物，并让身体时常活动一会儿。

2. 调整好自己的心态，适当地休息

一旦遇到暴风雪，人们很自然地就会产生恐惧、孤独、疲劳的心理感受。因此，这时候很有必要保持稳定的心态。感到疲劳的话要适时休息，而不要一味地沉浸在不安的情绪里。

3. 尽可能保持衣服干燥

如果是徒步走在野外遭遇了暴风雪，继续前行的话，会使衣物被大雪浸湿。我们知道，湿衣服要比干衣服重好多，那样会加重人体的负担，以致越走越无力，越走越艰难。因此，我们要嘱咐孩子这时候一定要想办法保持衣服的干燥，不要慌不择路，乱走一气。那些在暴风雪中遇难或者受伤的人，多半是因为他们太过恐慌而走错了方向，最后导致体力不支而不得不放弃生命。

4. 尽可能及时补充能量

遭遇暴风雪，寒冷、恐慌、饥饿等诸多不适感都会汹涌而来。这是因为在寒冷环境中，我们的身体要保持体温，代谢就会加快，导致体力消耗增多。所以，这时候要及时补充能量，以满足身体的需要。比较理想的食物是富含蛋白质和脂肪类的食物，比如鸡蛋、肉类等。

PART 8

意外事故太吓人，做好准备就不怕

——培养孩子的危机应变意识

危险突如其来，灾难猝不及防。常常在一个瞬间，或者因为一件极其细微的小事，或者因为一个奇特的想法，意外就这么发生了。如何将伤害降到最低限度，这就需要父母提前给孩子打好“预防针”，当危险真的到来时，孩子便可从容应对。

如何保护好"司令部"——头部

提炼关键词

司令部　冷敷　消毒　脑部检查

安全大讲堂

大脑是我们人体的"司令部"，只有它正常运行，我们才能在其"指挥"下做需要做的和喜欢做的事。因此，面对突发的危险，我们首先要做到的就是保护好头部。

可是，孩子们活泼好动，在运动、游戏和打闹中经常出现磕破头部的情况。如果受伤较重，那么孩子的大脑神经受到损害，后果会不堪设想；即使是受了轻微的伤，也会让孩子很不舒服，牵连整个身体都不好受。

所以，为了让孩子保护好自己的"司令部"，父母们有必要教给他一些相应的应急自救措施，这样可以有效防止孩子进一步受到伤害。

思思是个9岁的小姑娘，活泼好动，性格开朗。有一次，姑姑带着5岁的表弟刘星来她家做客。刘星是个性格内向的孩子，不怎么爱说话。但是，思思这个小姐姐却很有耐心地陪着他玩，刘星也非常喜欢这个姐姐。见俩孩子玩得很好，大人们也乐得清闲。

快到中午的时候，思思的妈妈和姑姑要去小区里的菜市场买菜，让思思和弟弟留在家里，并嘱咐他们俩要注意安全。

妈妈和姑姑走后，表弟刘星好像挣脱了笼子的小鸟儿一样，比之前活泼好动了许多。不一会儿，刘星就来到卧室里，当他看到床上"大嘴猴"的床单后，来了兴致。猴子可是刘星最喜欢的小动物了。他没想到，猴子还可以"跳"到床上来。于是，刘星把拖鞋一踢，爬上床便跳了起来。

思思见表弟喜欢猴子，而且玩得开心，也没劝阻。刘星越跳越起劲儿，有几次都跳到床边了，思思连忙提醒他要小心。

也不知道刘星有没有听进思思说的话，还是自顾自地在床上跳着。忽然，刘星一脚踩空了，从床上摔了下来，只听“咕咚”一声，他的大脑袋重重地摔到了瓷砖上。顿时，刘星疼得哇哇大哭起来。思思也不知所措，只是学着大人安慰小孩的样子劝慰弟弟别哭。一边安抚着弟弟，思思还一边给他揉摔的地方。

这时候，妈妈和姑姑买菜回来了，听到房间里刘星的哭声，连忙跑了过来。思思向妈妈和姑姑叙述了弟弟受伤的经过。两位妈妈一看，思思还在为刘星揉摔的地方，便赶紧制止了她。妈妈告诉她说，刚摔了之后是不能揉的，而应该用冷水冲或者冷毛巾敷。

听了妈妈的话，思思才停了下来。随后，大人们发现，刘星的神智很清醒，说明大脑没受到损害。只是，他受伤的地方鼓出来一个很大的青紫的包。此时，妈妈批评起思思来，说她不该给弟弟揉，不然不会起这么大一个包。一旁的姑姑却在安抚妈妈，毕竟思思年纪还小，不知道遇到这种事应该怎么处理，孩子也是一番好心，只是方法不对罢了。

可见，面对磕伤头部这种事情，孩子没有掌握正确的处理方法的话，是容易使伤势恶化的。相反，如果事例中的思思懂得摔伤后用冷水冲或者冷毛巾敷，那么表弟刘星头上的包就不会这么大、这么严重了。可是，这也不能怪年幼的思思，要怪只能怪她的父母事先没有教给孩子这方面的知识。

所以说，要想让我们的孩子能够在自己或他人头部受伤时学会正确的应对措施，我们就要及早告诉孩子相关的知识。说不定什么时候就能用到呢！

安全指南针

1. 摔伤后，不要用手揉受伤部位

生活中，我们看到有一些老人会在孩子摔伤后，轻揉孩子受伤的部位，以此来安抚受伤的孩子，同时也试图帮助孩子的伤快一些恢复。其实，这样做适得其反。因为揉搓不但不利于破裂的血管凝固，还会加重血肿的情况。

有的家长则做得不错，发现孩子摔伤后，会用嘴巴吹孩子受伤的地方。这样做实际上是帮助破裂血管凝固的作用。当然，最好的办法还是用冰敷，坚持20分钟左右，可以帮助孩子缓解疼痛，减轻肿胀，受伤的部位也可以尽早恢复。

2. 当头部有破损，要先止血后消毒

孩子摔倒后，如果头皮出现了破损，最先需要做的是止血，然后再处理伤口。我们可以告诉孩子，在出现这种情况后，先找一块消毒纱布，压在伤口上（如果没有纱布，也可以用干净的衣服来代替），轻轻地将伤口压住，一直到血停止流之后再拿开。

我们还要提醒孩子，为了防止伤口感染，在止血之后，要赶紧对伤口进行清洁。比如，用双氧水好好冲洗，再用棉签蘸上碘酒，从里向外给伤口仔细消毒。

3. 一旦受伤严重，要赶紧就医

小伤小碰可以自行治疗，而一旦脑袋摔得很厉害，头上又磕出了很大的口子，流血不止的话，要赶紧止血，并马上去医院就医。因为伤口过大的话，是需要医生对伤口进行缝合的，还要打破伤风针。有的时候，虽然伤口不大，但是如果受伤的部位沾上了脏东西，也要赶紧去医院找医生处理。另外，为了防止大脑受到损伤，父母要马上带孩子做比较全面的脑部检查。

教孩子学会应对手脚受伤

提炼关键词

忧心忡忡　纱布　绷带　骨折

安全大讲堂

童年之所以让人流连，就因为那是一个从身体到心灵都可以完全放松、无忧无虑的阶段。可是，也正是这些原因，人处于童年时期都活泼好动，可以无所顾忌地东奔西走，蹿上跳下。只是由于孩子的自我保护意识不强，很容易碰伤身体，尤其是裸露在外的双手和双脚。

孩子受伤了，自己饱受疼痛之苦，也让家长跟着忧心忡忡。

可是，我们不能因此就限制孩子的活动和顽皮。在此，我们建议家长们，一方面时常告诫孩子玩耍时要注意安全，另一方面我们还有必要教会孩子一些应对手脚受伤的紧急措施。

每次吃苹果，都是家里的"模范老爸"来给家人削苹果皮。这是振振家一直以来的惯例了。爸爸削苹果皮可是一绝呢，不但能薄厚均匀，而且中间不会断掉，一削到底。每次爸爸削完，都引来振振和妈妈的夸赞之声。

渐渐长大的振振，不知何时萌生了学习爸爸削苹果皮的念头。由于他担心爸爸妈妈不允许，所以小小年纪的他"藏"了个心眼：等哪天爸爸妈妈不在家的时候，自己偷偷地练习削苹果皮。

盼星星盼月亮似的，振振终于盼到这一天了。这天是周末，爸爸妈妈一起去邮局取国外的舅舅给邮寄来的一些东西，因为东西较多较重，带振振去实在不方便，索性就把他一个人留在家里。

爸爸妈妈走后，振振便拿出了水果刀和两个大苹果。他原本想削两个，等爸爸妈妈回来后，给他们一人一个。

只是遗憾的是，振振不但没削好苹果，反而把自己的手指给削到了，顿时就有鲜红的血流出来。一时间，振振给吓坏了。担惊受怕之余，他只得给爸爸打电话，将情况如实反映给了爸爸。电话里，爸爸告诉他用另一只手紧紧按住受伤的手指，止血要紧。随后，爸爸妈妈赶紧加大油门急速返回。

好在振振削的伤口不是太深，没什么大碍，爸爸妈妈担心的情绪这才放松下来。

振振原本是想做一件好事——为爸爸妈妈削平果。只是他操作不当让自己的手受了伤。在这一事例中，振振爸爸的做法是很正确的。如果他只顾着早些赶回而忽略了告诉孩子赶紧止血的事，振振可能要流掉更多的血液。由此看来，家长的指导作用是对孩子有很大帮助的。

当然，最好的做法还是父母能够事先告诉孩子一些应对手脚受伤的方法，这样即使家长不在身边，孩子自己也可及时应付了。

安全指南针

1. 当手脚擦伤或者受到刀伤后的处理方法

即使父母有一万个不愿意或者不同意，也保不住哪一天孩子不小心擦伤，或者把玩刀具而受伤。对于擦伤和刀伤的处理方法需要注意以下几点，希望父母及早告知孩子。

（1）伤口如果弄脏了，可以用清洁的自来水冲洗伤口周围，但活动性出血则无需冲洗。

（2）用干净的纱布盖住伤口，并将手放到纱布上止血，一般需要按压10～20分钟。

（3）如果受伤很重，是大的伤口，那么告诉孩子不要自行处理，也不要取出伤口中的异物，而应马上去医院就诊。

（4）在干净的纱布外，可以再加包带缠扎，这样会起到止血和固定的效果。

（5）告诉孩子，在受伤后6小时之内如果做不了消毒处理，很可能引发伤口感染。所以要尽快对伤口进行消毒。

2. 告诉孩子四肢受到打砸伤时如何处理

（1）如果出现了伤口，那么要用消毒水或者冷开水将伤口周围冲洗干净，然后垫上消毒纱布。需要注意的是，冷敷的物品不要直接接触伤口，以防引发感染。

（2）若是被跌落物体击中，被钝器打伤，那么孩子的皮肤软组织可能会受到损伤，此时会出现内出血、肿痛等症状，可用冷敷疗法止痛。另外需要注意的是，受伤之后两三天内不要洗澡。

（3）如果是孩子的四肢被打（砸）伤了，可先将两头关节固定住，注意别碰到受伤部位，也不要摆动四肢，而应立即去医院救治。

3. 教孩子怎样判断是否骨折

有时候孩子会出现手脚或者肢体发生骨折的情况，骨折不能用肉眼看出来，但我们可以通过下面的方法检查是否有骨折。其方法是：检查一下有无异常活动，有无局部压痛、变形。上肢部位可以拍打手掌，下肢拍打脚跟部来检查。如果骨折了，那么在拍打时很可能会感到骨折部位有骨摩擦的声音，骨折的地方也会感到剧烈的疼痛。此时就要赶紧去医院寻求治疗。

知何应对异物进入阴道、尿道

提炼关键词

生理变化　性器官　探索

安全大讲堂

孩子进入青春期后，生理上的巨大改变会使他们的心理也跟着生出巨大的变化。可是，大多数孩子又未能从师长那里学到第二性征的相关知识，于是，在好奇心理的驱使下，他们可能会盲目地在自己的性器官上探索。

有的孩子可能会因此而将异物弄入阴道、尿道，可由于羞于出口，只得百般无奈和痛苦不堪。

为了避免自己的孩子出现这种情况，父母还是及早给孩子讲一些相关的知识比较好，同时也告诉孩子当阴道、尿道中进入异物时该如何处置。

自从升入六年级后，冰冰明显感觉到自己身体的"异样"，腋毛长出来了，乳房也隆起了，屁股也翘起来了。可看看同班的女孩们，貌似都没有自己这么明显。为此，冰冰苦恼极了，她每天都不敢抬头走路，生怕有人注意到自己，取笑自己。

有一天，她隐约觉得会阴部潮湿，赶紧上厕所一看，原来内裤上沾染了白色的粘液状的东西。这让冰冰更加难为情了，她甚至担心自己生病了。百爪挠心的冰冰终于盼到了晚上，她关上自己的房门，拿过一面镜子，让下体对着镜子，她向阴道里塞入一些手纸。

就这样，很多天来，冰冰的身体里都是塞着手纸度过的。终于有一天，冰冰感觉下体奇痒难耐，仔细闻内裤，还有一股臭味。

这可把冰冰吓坏了，霎时间她不知所措，无奈之下才将此事告诉了妈妈。

妈妈先是帮她检查了内裤，发现那是女孩正常发育下的产物，是每个健康女孩都会有的白带。可是冰冰不知道这是正常的生理现象，以至于塞进阴道的手纸造成了阴道感染。

随后，妈妈带着冰冰去医院的妇科检查，医生给开了一些药，同时还教育了冰冰的妈妈，应该早一些给孩子讲一讲相关的知识，不然孩子也不至于做这种“傻事”了。

生活中像冰冰妈妈这样的家长其实并不鲜见。受传统教育的影响，我们中国人对于和性相关的事物一向是羞于启齿的。这就导致了孩子在青春期之前根本接受不到正统的性教育。他们能了解的也只是通过一些或好或坏的书籍、网络信息等略知一二。在这种情况下，孩子一方面经受着生理上的骤然改变所带来的压力，一方面又承受着心理上的诸多困惑所带来的烦躁，试问，这不是家长的责任又是谁的责任呢？

安全指南针

1. 提早给孩子灌输一些生长发育的知识

很多父母由于受上一代教育的影响，极少甚至从不提及关于生理发育方面的知识，在这些父母心里，孩子早晚会知道的，现在跟他们讲这些一来不好意思开口，二来怕孩子学坏。

其实，父母的这种想法是不正确的。孩子只有充分了解了身体因为发育而带来的变化，感受到这一切都是正常的，他才会放松地面对这种现象。拿女孩的月经初潮来说，父母尤其是妈妈应该告诉孩子，这是身体发育的必然，是进入青春期的标志，没有必要忧心忡忡。同时，要让孩子对月经初潮时并发的腰酸、嗜睡、疲劳、乏力等不适做好充分的心理准备，避免惊慌失措，加重心理负担。

2. 让孩子用放松的心态来面对生理的变化

当父母可以比较轻松地和孩子谈论生长发育以及性知识的时候，那么孩子也自然会放松下来，大大方方地接受。我们应该让孩子知道一些生理知识，告诉孩子不要神神秘秘地看书，也不要回避妈妈，有不懂的就问。同时我们要告诉孩子，不要因为白带、例假或者其他原因，往阴道和尿道中塞东西，以免造成阴道壁损伤或处女膜撕裂，严重的还会引起妇科疾病，影响未来的发育和婚姻幸福。

3. 帮孩子及时处理不良的性行为和思想

孩子到青春期后，可能会产生一些不良的性行为和思想。对此，父母就应及时处理，给孩子灌输一些正确的性观念，同时注意媒体对孩子的不良影响。

当孩子接触到一些不良信息时，父母不要简单呵斥，而应用科学的观点加以剖析，让他意识到什么是真正的科学和健康，什么是错误的行为和思想，有效避免因闭塞的性教育给孩子带来的伤害。

走丢的孩子咋回家

提炼关键词

迷魂阵　监管　牢记电话

安全大讲堂

2011 年的时候，北京丰台的一个七岁的小女孩在家附近玩耍时走失了。这一消息发布在新浪微博之后，广大网友都进行了转发，大家都希望尽一点自己的绵薄之力，能让孩子早日回家。遗憾的是，半年的时间过去了，孩子还音信皆无。

你我身边或许都有过类似的案例发生，几许无奈，几许悲凉，甚至几丝愤怒，种种情绪会席卷进我们的脑海。无奈是因为孩子和家人离散不知所终，悲凉是因为一个好端端的家庭就这样眼睁睁地破碎，愤怒一方面是因为怀疑有人故意骗走、偷走孩子，一方面是为孩子的家长没能好好地照顾好孩子。

为了这样的不幸不要发生在我们的孩子和家庭身上，那么身为父母就一定要事先对孩子进行相关的教育和培养。比如，教孩子如何认路，一旦迷路该向谁求助，通过什么方式求助；如果遭遇强行绑架该如何逃脱，等等。

当孩子真正掌握了应对这些问题的方法后，那么他的安全系数就会高很多。

家住山区的大壮和刘宝是一对好朋友，俩人经常一起上山放羊、砍柴。周末的一天，俩孩子做完作业后，又相约一起到附近的山坡上放羊了。

看着羊儿们在山坡上吃草，大壮和刘宝一会儿说说各自有趣的事，一会儿在草地上玩耍一会，不知不觉便到中午了。就在他们准备回家的时候，大壮清点了一下羊群，发现少了一只羊。

这可糟了，走丢一只羊，回家后爸妈肯定会把自己狠揍一顿的。这时候，刘宝说："刚才，我其实看到一只羊的，那只羊在'旋转十八盘'那边，我还以为是别人的呢，就没和你说。"

按照刘宝提供的方向，大壮迈开步子便去找羊。刘宝叫住了他说："那块山路可是'迷魂阵'，咱们可从来都没去过，这你是知道的呀。再说，羊丢了就丢了，你要是再丢了你爸妈不是更着急吗？"大壮说："我有办法的，你好生帮我照顾下羊群，在这里等我。"说完，大壮便离开了。

过了一个多小时，心急如焚的刘宝见大壮领着一只羊朝自己这边走来，心里乐坏了。同时，他也由衷地佩服大壮能在大人们都觉得"迷糊"的山路上顺利把羊找到并返回，真的是很了不起。刘宝不禁问大壮是怎么做到的。

大壮笑眯眯地说："我的办法其实很简单，为了避免走重复的路，在'迷魂阵'里一直绕不停，我先从山上采了很多的野花，撕碎后装在口袋里，走到哪里，我就适当地撒一些花瓣到地上。这样，当我发现有撒过的花瓣的路之后，便知道走错了，应该走另外的路。"刘宝听了，惊讶不已，忙问大壮是怎么知道这个好办法的。只听大壮接着说道："这是我爷爷告诉我的。不过，撒花瓣的方法可不是什么时候都能用的。比方说，有风的天气就不能用，因为花瓣很容易被刮跑。还有一种办法就是捡山上的石头，放在口袋里，或者放在背包里，用石头给自己经过的路做记号也是一样的。"

一些小小的花瓣，帮助一个孩子免于陷入"迷宫"，并顺利地找到了丢失的羊，这样的事听来都令人欣慰。可是，如果大壮也和刘宝一样，不懂得怎么认路，那么很可能就会迷路了。即使想避免迷路走失，也肯定得失去一只羊了。由此不难看出，教育孩子如何面对迷路等意外事故是多么重要。

安全指南针

1. 加强对孩子的监管力度

不要让孩子随意乱跑，特别是在陌生的环境中更要如此；家长带孩子到公共场所去，一定要手把手领好孩子。即使撒手让孩子自己去玩，也要在旁边盯着。

2. 告诉孩子防止走入“迷魂阵”的方法

事例中的大壮采用的是撒花瓣的方法来避免自己陷入“迷魂阵”。这种方法在七扭八拐的特殊山路上是很实用的。另外，我们还可以让孩子采用“撒石子”记路的方法或者洒水记路的方法等。

3. 让孩子熟记家长手机号和家庭住址

让孩子熟悉父母的手机号，对于小一点的孩子，为了方便记忆，父母可以用这些数字编成小故事。之后要经常问孩子需要记住的数字，并不断巩固。另外，还要让孩子熟记家庭住址。

4. 告诉孩子爸爸妈妈永远不会不要他

有一些骗子会诱导孩子说父母不要他了，自己会对他如何如何好，希望他跟自己走。心智发育不成熟的孩子，很可能因此上当受骗，认为爸爸妈妈真的不要自己了。因此，我们要告诉孩子，不管什么情况，爸爸妈妈都不会不要他。如果有人说爸爸妈妈不要他了，那么这个人肯定是大坏蛋，只是为了想骗走他，让他永远也看不到爸爸妈妈，对于这样的话，千万不能相信。

5. 让孩子站在原地

告诉孩子，当发现自己走失或者迷路后，不要着急去找爸爸妈妈，也不要急着找正确的路。因为这个时候他的判断力是很差的，盲目地去找，只会消耗体力。所以，最好待在原地不动，然后向过路的人求助，让他们拨打爸爸妈妈的手机号，电话通了之后，孩子要提出和爸爸妈妈通话。确定电话那头真的是爸爸妈妈，再把手机交给机主，并让他说出自己所在的具体位置。仅仅求助于一两个路人还不够，我们要让孩子多求助一些人，这样才会防止被坏人欺骗。

房间内着火时，孩子如何自救

提炼关键词

蜘蛛侠　冷静　119　不乘电梯

安全大讲堂

城市里拔地而起的一座座楼房鳞次栉比，向世界展现着它的蓬勃生机。而作为一个小小的个体，对于这些楼房所感受到的，或许更多的是实际的用途，比如居住，比如逛商场，比如玩电子游戏，等等。

但作为家长，我们还必须多一层认识，那就是当我们的孩子身处楼房特别是较高的楼层内，一旦发生火灾，孩子该如何逃脱呢？

此类的事例时常会见诸报端，几年前发生在上海静安区的那一起居民楼火灾事故，可能很多家长都有耳闻。该次事故造成58人遇难，百余人受伤。这是多么惨痛的事实！

可以说，因为高楼发生火灾造成人员伤亡的事例并不罕见。那么，为了保护好孩子的人身安全，这一点同样需要做家长的高度警觉。让孩子在遇到房屋着火时，也能从容自救，那才是成功的安全教育！

萧萧是一个10岁大的男孩，乖巧可爱，聪明伶俐。周末的一天，爸爸去单位加班了，妈妈有事也要离开家一个多小时，萧萧表示自己一个人在家，不跟妈妈出去。

看到儿子这么乖巧，妈妈便愉快地答应了。

妈妈走后，萧萧便在自己的房间里看起书来。萧萧是个“小书虫”，看起书来非常专注。将近一个小时之后，萧萧有点内急，放下书然后去厕所。

谁知，他刚出自己的卧室，就发现客厅里乌烟瘴气的，呛得他连连咳嗽。萧萧感到一丝害怕，他知道肯定是发生什么事了，很有可能是厨房着火了，只是自己因为关着房门看书而没有注意到。

很快,萧萧镇定下来,他想起爸爸妈妈曾告诉自己的话,不管发生什么事也不要惊慌,因为惊慌会让人失去理智的判断,会做不该做的事。想到这里,萧萧的大脑开始快速地转动,争取想出个好主意。

很快,萧萧想出了办法。他从床上扯下床单和被罩,然后又找到自己的几条裤子,一个接一个地系上了"死扣"。约莫长度足够之后,萧萧将这条特殊的"绳子"绑在紧靠窗户的写字桌的桌腿上,然后将"绳子"的中间部分搭到窗口,并用另一头绑在了自己的腰上,同样用死扣拴得紧紧的。接下来,萧萧将要进行一次"蜘蛛侠"之旅了。他用两只手死死地抓住绳子,一点点顺着往下走。

萧萧家住在5楼,在二楼的地方有个平台,萧萧正好要让自己落在这个平台上。他知道,紧挨着平台有好几棵比一层楼还高的大杨树,只要自己到平台上,就可以爬到树上然后再从树上溜到地上了。

行动进行得非常顺利,萧萧果然在不到10分钟的时间里,顺利地降落到地面上。这时候,他并没有停下,而是赶紧去小区里的一个小卖部借用电话,给消防队打了电话。

结果表明,萧萧家果然着了火。火是从厨房开始的,原因是萧萧的妈妈在出门时忘了火上煮着东西。不过,值得庆幸的是,萧萧在这次逃生和灭火过程中做得都非常棒。萧萧的老师听说这件事后,也一个劲儿地夸赞萧萧呢!

萧萧是个聪明的孩子,更是个冷静的孩子。实在令人佩服!作为父母,想必你也希望自己的孩子能够在这种危急情况下像萧萧这么机智吧。

实际上,也不必羡慕别人,只要自己肯花费些心思,平时多教育孩子,多指导孩子,那么你的孩子同样可以顺利应付这种在高层建筑内着火的情景。

安全指南针

1. 告诉孩子务必冷静

关于冷静这一点,其实适用于任何一种危险情况下。但对于应付房间着火,冷静的情绪更是有着至关重要的作用。所以,我们在此还是要提一下。家长有必要告诉孩子,当自己所待的房屋内着火时,一定不要慌张。如果火势小,就用灭火器或者自来水去扑救。如果火势大,也要先冷静下来,让自己先待到一个浓烟少甚至没有浓烟的房间里，关好房门，再集中精力想办法。

2. 逃生的时候不要乘坐电梯

电梯是依靠电来运行的，如果发生火灾的面积较大，那么很可能引起楼内断电。如果碰巧在电梯运行过程中断电的话，那么人就会窒息而死。

3. 可以采取的逃生办法

（1）房间内有电话的话，要赶紧拨打119求助消防官兵。

（2）如果楼层不高，可以像事例中的萧萧那样用绳子将自己“送”到地面上去。

（3）可以从窗口向外呼喊，寻求帮助。

手机诈骗，聪明的孩子不上当

提炼关键词

银行汇款　损失　诈骗招数

安全大讲堂

随着通信技术的日渐发达，骗子们所能利用的工具和手段也越来越“高明”。估计每个父母都收到过一些“响一声”的骚扰电话，也收到过各种名义的诈骗信息。骗子的语言、方式也是五花八门，有的是冒充老同学，说自己出了事故需要住院，要求对方给汇款；有的则冒充法院，说有传票到期；有的是冒充房东要求房客给自己汇租金……

相信绝大多数人都会分辨其中的真伪，轻易不会上了骗子的当。但我们也要知道，骗子既然吃这碗饭，说明人家还是能从中满足一些私利的。能满足骗子私利的，往往是一些特定的人群，比如老人、孩子。

现在的老人、孩子大多也都配有手机，我们总不能不用这些通信设备呀？因此，我们就要教会孩子提高警惕，学会分辨骗子的信息和电话，防止手机诈骗的发生。

子墨的爸爸是一名海员，每次一出海就是半年往上，而且多数时候都在国外。

但由于很多国家通话比较便宜，子墨的爸爸经常会给他打国际长途，爷俩儿一聊就是几十分钟。

有一次，子墨有半个多月没接到爸爸电话了，心里非常想念。在一次和小伙伴吃大排档的时候，他忍不住把自己对爸爸的思念之情说了出来。小伙伴还安慰了他。

这之后没几天，子墨就接到一个电话。电话里的人言语激动，流露着担心和安慰。原来，对方跟子墨说，他的爸爸在某个国外码头工作的时候受伤了，很严重，需要30万元人民币，要他赶紧告诉他妈妈，让她把钱汇到指定的账号，给爸爸治病。

子墨一听吓傻了，他连忙把对方告诉的账号记录下来，然后火速回家，把这件事告诉了妈妈。妈妈一听，也很是担心，可是又没有办法和丈夫直接取得联系，于是她打算去银行赶紧汇款，好让丈夫治病。

就在子墨和妈妈慌里慌张地准备去银行汇款的时候，恰巧子墨的舅舅来他家了。舅舅听了之后，觉得事情有蹊跷，让姐姐不要急匆匆汇钱。最终，舅舅想出来一个办法，给子墨爸爸所在的国外航运公司打电话，他们应该和公司的每艘船只都保持着联系。

就这样，几经周折，他们联系上了子墨爸爸的公司。舅舅会说英语，所以联络起来也很方便。结果，从公司得知，子墨爸爸所在的船只根本没在电话里的人所说的地方，而是在另外一个地方安全航行。

听到这一消息，子墨和妈妈才放下心来。同时，他们也为自己的莽撞而心有余悸。

冷静下来后，子墨和妈妈回想起事情的整个过程。子墨想起来，那天自己吃大排档的时候，和同学松松说起爸爸的职业是海员，还说在国外航行的爸爸已经半个月没给自己打电话了，自己很想他。同学还询问子墨的电话是多少，两个人还交换了电话号码。只是让他们没想到的是，这些信息都被一旁的骗子给听到了。于是，他们就设计了这么一出诈骗行动。

万幸的是，子墨的舅舅及时出现，冷静分析了事情的来龙去脉，最终没有损失钱财。

不得不感慨，骗子的手段真是无所不用其极，他们居然把魔爪伸向了小孩子。之所以如此，正是因为这一群体分辨能力弱，容易上他们的当，好让他们得逞。试想，如果不是舅舅的到来，或许子墨家就会损失掉30万元巨款。那将是多么让人郁闷的事。即使这个骗子被绳之以法，说不定也因为赃款被转移或者挥霍掉而无从获取补偿。

由此看来，让孩子接到特殊电话时谨慎应对，努力做到识别骗子的电话和短信，是非常有必要的。

安全指南针

1. 告诉孩子骗子常用的手机诈骗招数

公安部门总结出了骗子常用的几种可能对孩子实施的手机诈骗手段，家长们有必要将其告诉孩子，让孩子在遇到此类情况的时候好严加防范，防止受骗：

（1）诱使回电话，以此“赚”取高额话费。比如，以提供奖品、奖金为诱饵骗取钱财型，借机诱其汇“邮费”、“税款”、“公证费”到指定的信用卡。而这些电话如果是开头为0941或0951的来电，一回拨即收费500元。还有就是对方发送一条短信为“您的朋友13XXXXXXXXX为您点播了一首XX歌曲，以此表达他的思念和祝福，请你拨打9XXXX收听”。这些都会使对方获取高额话费。

（2）骗取卡号盗打电话。这种情况常见于一些短信，比如“我是X公司的工程师，现在将对你的手机进行检查，为了配合检查，请拨#90或90#”。如果孩子按照指示来按键，那么手机中的SIM卡号有可能被骗取。

（3）利用亲情诈财。前面案例中提到的也算其中一种。还有其他利用亲情诈骗的手段，比如，骗子用盗得的手机发送短信给手机通讯录内的联系人，骗取对方话费。如“XX，我现在在外旅游，手机马上快没钱了，麻烦帮我充值100元。”

2. 教给孩子如何安全使用手机

为了避免我们的孩子被骗子讹诈，我们有必要告诉孩子一些预防诈骗的措施，在此，我们列举了以下几种，请家长们参考：

(1)收到的电话或者短信,并不是自己熟悉的人的。这时候,应该立马警觉起来。如果对方所说的话中能够体现出"引诱"自己的味道,那么就尽快挂断电话。需要强调的是,即便接到的电话是自己熟悉的号码,但不是熟悉的人打的,也不要轻易相信,先弄清楚对方的身份再说。

(2)对于"响一声"的电话一定不要回拨。前面我们提到过,这样的电话往往会收取高额的通话费,因此,我们要提醒孩子,对于这样的电话一定不要回拨。

(3)如果不幸中了骗子的招数,那么就赶紧向公安机关报案,争取尽快把损失挽回。

若被歹徒绑架该如何脱身

提炼关键词

魔爪　勿慌乱　呼救　软功夫

安全大讲堂

有些危险情况属于客观的灾难,有些危险属于孩子自身不小心,还有的危险则纯属他人恶意为之,比如绑架。社会上总有一些不法分子,他们为了谋取一己私利不惜铤而走险,对尚未长大成人的孩子进行诱骗、绑架,然后用孩子做人质向其家长勒索钱财。

这样的事在每一个做父母的听来,都会无比的愤怒。可是,我们能做的,也只有教自己的孩子在遭遇此类不测时如何逃脱,让孩子逃脱歹徒的魔爪,重新回到爸爸妈妈的怀抱。

烁烁是一名刚上初一的学生,2010 年 3 月的一天,他在放学回家的路上就遭遇了绑架。事后,歹徒给烁烁的爸爸打去电话,勒索赎金 10 万元。

烁烁的爸爸听完电话,强行让自己冷静下来想对策,争取既不让歹徒伤害儿子,又可以不花赎金。他想到了,最好的办法就是先报警。

警察接到报警信息，立马出动，在不到两个小时的时间里便将绑架烁烁的歹徒缉拿归案。让警察叔叔感到惊奇的是，在将近两个小时被歹徒扣押的过程中，烁烁居然做到了和歹徒“平静地聊天”的程度。在此过程中，烁烁始终没有慌乱，也没有反抗，通过聊天，歹徒逐渐放松了警惕。

对此，烁烁的爸爸也无比欣慰，他没想到，自己这个当兵出身的人竟然培养了一个和当年的自己有一拼的儿子。

我们来听听烁烁是怎么说的吧！他跟警察叔叔们讲道，歹徒在自己放学的路上将自己拦住，不由分说就把自己的嘴堵住，然后拽到一部轿车里。这时候，烁烁已经知道，自己遇上坏人了。当歹徒询问烁烁的爸爸是做什么工作的时候，烁烁脑海里迅速闪出电视里有人遭遇绑匪，如果反抗便可能被“撕票”的镜头；如果说自己很有钱，歹徒就会狮子大张口，达不到他们满意的数额，他们还会杀掉人质。所以，自己不能这样说。

烁烁的爸爸在一家金融机构工作，年薪几十万。可是烁烁却撒谎道：“我爸爸妈妈都是农村考学出来的，妈妈身体不好，爸爸在一家小公司，最近听说公司要裁员，他可能被裁掉呢！”

同时，烁烁还说，歹徒向他询问了爸爸的手机号码。烁烁没敢反抗，也没敢撒谎，如实说了。歹徒把烁烁一个人锁在屋子里，大概十分钟的工夫，便重新回到房间里来。烁烁知道，刚才歹徒是在和爸爸通电话呢。

接下去，烁烁就故意找话题和歹徒聊天。他发现歹徒拿烟时不小心把钱包带出来，钱包掉到了地上，打开了。烁烁发现里面有一个女孩的照片，便说道：“叔叔，这是你女朋友吧，长得真漂亮，叔叔好福气！”

歹徒听了，嘿嘿乐了两声。烁烁看得出，这时候他的警惕性已经有所松动了。接着，烁烁又和这位“叔叔”拉起家常。他知道，歹徒在和爸爸通完电话后在等待送钱来，而对于被绑着的烁烁已经没有太强的防备心了。

闲聊时间快。就在他们“唠家常”好一会儿之后，只听屋门外有动静。烁烁便说：“叔叔，肯定是我爸爸送钱来了。”歹徒问了一声，只听外面的人回答说是烁烁爸爸。歹徒还警觉地听了听是否还有其他人，随后又问了一声有没有其他人。烁烁爸爸说只有他自己。

当然，再接下去的事，就是警察叔叔擒获歹徒，救出烁烁了。

也许你觉得烁烁的表现有点像天方夜谭，但它却是实实在在发生的事。由此可以想见，若是我们能好好培养和教育自己的孩子，那么说不定他也可以像烁烁那样，在遭遇绑架时沉着应对，临危不乱。

安全指南针

1. **告诉孩子切勿慌乱**

人在险境中，最容易产生的情绪就是恐惧，进而在思维和行为上出现慌乱。大人做到临危不乱都不容易，何况孩子？正因为很难，这一点也就显得尤为重要。这也是我们在本书中多次提到这一点的重要原因。因此，需要父母们在孩子的心理素质上多加培养，让孩子真正做到冷静、沉着、机智。这样，遇到歹徒绑架，他才会有逃脱魔爪的机会。

2. **如果周遭没有旁人，不要盲目呼救**

歹徒做恶事，自然心里是担惊受怕的。当孩子遭遇绑架，如果在没发现周遭有旁人的情况下，盲目呼救，会让歹徒产生反感和恐惧，说不定还会因此杀人灭口。所以，我们要教导孩子，当发生此种危险时，不要盲目呼救。

3. **让孩子学会一点"软功夫"**

很多歹徒并不像我们在电视里看到的那么"精明强悍"，其实这些蛇蝎心肠的家伙，毕竟也是人，是人就有感情。所以，我们不妨教导孩子，如果时机合适，可以对歹徒进行说服和感化。上面事例中烁烁的做法就不错，他用和歹徒"唠家常"，夸赞其女友漂亮的方式让歹徒的敌对情绪有所减弱，警惕心理也为此放松许多。

谨防蒙汗药，小心遭其麻醉

提炼关键词

暗算　昏迷　外露财物　饮料　被调包